알고 싶어요
미래에너지

인공태양에서 신재생에너지까지

상수리나무 출판사

상수리나무는 가뭄이 들수록 더 깊게 뿌리를 내리고
당당하게 서서 더 많은 열매를 맺습니다.
숲의 지배자인 상수리나무는 참나뭇과에 속하고, 꿀밤나무라 불리기도 합니다.
성경에 아브라함이 세 명의 천사를 만나는 곳도 상수리나무 앞이지요.
이런 상수리나무의 강인한 생명력과 특별한 능력을 귀히 여겨
출판사 이름을 '상수리'라고 했습니다.
우리 어린이들에게 상수리나무의 기상과 생명력을 키우는
좋은 책을 계속 만들어 가겠습니다.

그린에너지 생생 원자력 03

알고 싶어요
미래에너지
인공태양에서 신재생에너지까지

글 | 이은철
그림 | 홍원표

차례

1 지구와 인공태양
무한한 에너지 태양 빛 … 8
수소에도 형제들이 있어요! … 14
핵융합이 좋은 점 … 16
언제쯤 인공태양을 볼 수 있을까? … 18

2 수소자동차가 달려요
상상력과 수소자동차 … 22
수소는 누가 발견했나요? … 26
날아다니는 자동차 … 30

3 태양과 에너지
무한한 태양에너지 활용 …38
햇빛으로 전기를 만드는 태양광발전 … 42
전기를 저장했다가 쓸 수 있나요? … 45

4 바람으로 만드는 전기
풍차로 전기를 만들어요 … 52
풍력발전에 반대하는 사람들 … 55
바람이 많이 부는 바다와 풍력발전 … 57
바다에 큰 풍차를 세우면 배가 다닐 수 있나요? … 60

5 바다에 숨어 있는 무한한 에너지
바닷물로 에너지를 만들어요 … 64
파도의 힘을 이용한 발전 … 70
바닷물 온도차로 전기를 만들어요 … 72

6 쓰레기와 에너지
바이오에너지가 뭐예요? … 76
바이오에너지가 널리 사용되지 못하는 이유 … 81
사람이 만드는 바이오연료 … 84
바이오에너지 때문에 식량이 부족해요 … 86

퀴즈로 풀어 보는 미래에너지 이야기

1 지구와 인공태양

무한한 에너지 태양 빛

그리스 사람들은 상상력이 아주 풍부했나 봐요. 모든 물체에 신이 있다고 믿었거든요. 그리스 신화를 보면 여러 신이 등장하지요. 나무의 신도 있고, 물의 요정도 있어요. 힘이 아주 센 아틀라스라는 신은 하늘을 떠받치고 있었지요. 이렇게 그리스인들은 어떤 재미있는 물건을 보면 그것을 신이라는 존재로 만들었답니다.

이카로스의 날개

그리스 신화에 많이 등장하는 '이카로스' 라는 상상 속의 인물은 아주 높은 곳에 있는 감옥에 갇혀 있었답니다. 그곳을 탈출하려고 이카로스는 새의 깃털을 모으기 시작했어요. *밀랍을 이용하여 자신의 팔에 새의 깃털을 붙이고 하늘을 높이 날아 탈출에 성공했지요. 그러다 태양을 향해 더 높이높이 날고 싶은 욕심이 생겼어요. 하지만 태양에 가까이 가자 밀랍으로 만든 날개가 뜨거운 태양열에 녹아 그만 바다로 떨어져 죽고 말았답니다.

태양의 비밀

지구를 비롯한 행성들은 태양을 중심으로 돌고 있어요. 지구로부터 약 1억 4960만 킬로미터 정도 떨어져 있는 태양의 지름은 약 139만 킬로미터로 지구의 109배에 달하는 거대한 항성이지요. 태양 표면은 섭씨 6천 도 이상으로 매우 뜨거운데, 다른 곳보다 어둡게 보이는 점을 볼 수 있어요. 흑점이라고 하는 이 점은 태양에서 만드는 자기장 때문에 주변보다 온도가 낮아 생기는 것이랍니다. 태양의 흑점 수가 변하는 것을 보고 태양의 밝기도 변한다는 것을 알 수 있어요. 흑점이 많을수록 태양의 밝기는 줄어든답니다.

무슨 뜻이에요?

*밀랍 : 꿀벌이 벌집을 만들기 위해서 몸에서 만들어 내보내는 노란색 물질이에요. 일정한 온도에서 단단하게 굳는 성질이 있어 물건 표면에 광택을 낼 때나 물이 스며들지 않게 할 때 쓰인답니다.

태양에너지의 원동력

지구에 사는 모든 생명체는 태양으로부터 에너지를 받고 있답니다. 우리가 사는 세

상에 태양이 하루라도 따스한 빛을 비추지 않는다면 지금처럼 살 수 있을까요? 태양은 어떻게 한결같이 강한 빛을 낼 수 있을까요? 무한한 에너지를 우리에게 주면서도 계속 밝게 빛나는 태양의 원동력은 무엇일까요?

무슨 뜻이에요?

*핵 : 태양의 가장 중심에 있는 핵은 온도와 압력이 매우 높은 기체 상태로 되어 있어요. 전자가 떨어져 나간 원자핵들이 매우 빠른 속도로 날아다니며 서로 충돌하지요.

*복사층 : 핵에서 만들어진 에너지는 태양 표면 가까이까지 전달되면서 자외선, 가시광선, 적외선 등으로 변해요. 이런 현상이 나타나는 부분을 복사층이라고 하지요.

*대류층 : 표면에서 중심으로 약 10만 킬로미터까지의 부분을 말해요. 이 부분에서는 마치 주전자 속에서 물이 끓고 있는 것같이 뜨거운 기체 덩어리가 태양 표면으로 올라갔다가 에너지를 내보내고 다시 아래로 가라앉는 것을 반복하고 있지요.

*코로나 : 일식으로 태양이 달에 가려지면 태양 둘레에 희게 빛나는 부분이 넓게 펼쳐진 것을 볼 수 있어요. 이 부분을 코로나라고 해요. 태양의 가장 바깥쪽에 있는 대기로, 일식 때에만 볼 수 있답니다.

*홍염 : 태양 표면의 흑점 주위에서 붉은색의 불꽃을 볼 수 있어요. 이것은 홍염이라는 것으로, 코로나 중에서 온도가 낮고 강한 자기장을 가진 영역에서 일어난답니다.

태양의 원리를 궁금해하던 사람들은 '우리가 태양을 만들 수 없을까?' 하고 생각하게 되었어요. 과학자들이 태양을 연구한 결과, 태양이 계속해서 빛을 낼 수 있는 원리를 알게 되었답니다.

태양은 많은 부분이 가장 가벼운 원소인 수소로 이뤄졌답니다. 태양의 중심은 섭씨 1000만 도가 넘는 뜨거운 상태인데, 이렇게 높은 온도에서는 원자핵과 전자가 분리되어 플라즈마 상태가 됩니다.

플라즈마와 핵융합반응

플라즈마라고 하면 잘 모르겠지요? 여러분은 아마 과학 시간에 물체의 형태가 고체나 액체 또는 기체 상태로 있을 수 있다고 배웠을 거예요. 얼음이 온도가 올라가면 물이 되고, 물이 더 뜨거워지면 수증기가 되듯이 고체에 열을 가하면 액체가 되고, 액체에 더욱 열을 가하면 기체가 되지요. 그런데 우리가 흔히 볼 수는 없지만 기체 상태의 원자에 많은 열을 가하면 원자핵과 전자가 분리되는 현상이 생긴답니다. 이렇게 원자핵과 전자가 서로 떨어져 있는 상태를 플라즈마라고 해요. 즉 플라즈마는 고체도 아니고, 액체도 아니며, 또 기체도 아닌 제 4의 상태가 되는 것을 말합니다.

> **태양이 사라졌어요**
> 태양을 중심으로 돌고 있는 지구에서는 달에 의해 태양이 가려지는 현상을 볼 수 있어요. 이런 현상을 일식이라고 해요. 태양·달·지구가 이 순서로 일직선으로 놓이기 때문에 지구에서 볼 때 태양이 달에 가려져 일시적으로 어두워진답니다.
> 중국의 《서경(書經)》에는 기원전 2128년에 일어났던 일식이 기록되어 있고, 바빌로니아에서 출토된 점토판에는 기원전 1063년의 일식 기록이 남아 있지요.
> 옛날 우리나라에서는 일식을 왕이 정치를 잘못해서 생기는 불길한 현상으로 생각했답니다.

태양 속은 온도가 매우 높아 모든 원자가 플라즈마 상태로 있게 됩니다. 그래서 태양 속에서 플라즈마 상태로 분리되어 있는 수소의 원자핵이 다른 수소의 원자핵과 결합하여 핵융합반응이 일어날 수 있답니다.

태양 속에는 수소가 너무 많아 이런 핵융합반응이 계속해서 일어나면서 에너지가 생기게 돼요. 핵융합반응은 핵분열반응보다 더 많은 에너지를 만들 수 있답니다.

사람들이 만드는 인공태양

이렇게 뜨거운 태양을 또 하나 만들 수 있다면 얼마나 좋겠어요? 지구에도 수소가 많으니까 그것을 한군데 모아 태양과 같은 높은 온도를 유지하여 플라즈마 상태로 만들 수 있다면 가능하지 않을까요? 과학자들은 이런 연구를 열심히 하고 있답니다. 그런데 플라즈마 상태를 계속해서 유지하는 게 아주 어려워요. 핵융합을 일으키기 위해서는 섭씨 1억 도가 넘는 온도가 필요한데, 섭씨 1억 도가 넘는 온도에서

웬만한 그릇은 모두 녹아 버린답니다. 우리가 알고 있는 지구의 거의 대부분의 물질들은 몇천 도 정도에서 모두 녹아요. 그러니 섭씨 1억 도의 높은 온도에 견딜 수 있는 물체는 없겠지요?

과학자들이 핵융합반응을 일으키더라도 그런 높은 온도를 견딜 수 있는 그릇이 없기 때문에 플라즈마를 담을 수가 없어요. 이 점이 인공태양을 만드는 데 가장 어려운 일이랍니다.

과학자들은 실험실에서 핵융합반응을 일으키는 데에는 성공했답니다. 도넛처럼 생긴 그릇에 자석을 이용해 플라즈마를 가두고, 그릇 속을 돌고 있는 플라즈마에 열을 가해 핵융합반응을 일으키는 것이지요. 높은 온도의 플라즈마를 그릇 표면에 닿지 않고 도넛 속에서만 뱅글뱅글 돌도록 한 것이랍니다. 이런 도넛처럼 생긴 장치를 토카막이라고 합니다.

앞으로 핵융합반응이 일어나는 시간을 더 길게 해야 하고, 또 더 높은 온도를 만들어야 인공태양을 만들 수 있을 것으로 보고 있답니다. 또한 어떻게 매우 뜨거운 플라즈마를 그릇 표면에 닿지 않게 하면서 핵융합반응에서 얻은 에너지를 밖으로 꺼내 사용할 수 있을지 지금도 열심히 연구하고 있답니다.

우리나라의 핵융합 실험
우리나라에서도 '케이스타(KSTAR)'라는 토카막 장치를 가지고 몇 초 동안 핵융합반응에 성공했지만, 반응이 일어나는 시간이 너무 짧아 아직은 큰 에너지를 얻지 못하는 초보 단계랍니다.

30년쯤 뒤에 여러분이 어른이 될 때면 좋은 방법이 생기지 않을까요? 여러분도 이런 흥미로운 연구에 참여한다면 재미있겠지요?

수소에도 형제들이 있어요!

핵분열반응은 우라늄이라는 가장 무거운 원소의 원자핵이 두 개로 갈라지는 것을 말하지요. 핵융합반응은 그 반대랍니다. 수소처럼 아주 가벼운 원소들이 높은 온도에서 플라즈마 상태로 변하면서 원자핵끼리 서로 결합하는 것을 말하지요. 결합한 수소의 원자핵은 수소보다 약간 무거운 원소인 헬륨의 원자핵으로 변하게 되는데, 이때 생기는 질량의 차이가 에너지로 나타나게 된답니다.

태양의 핵융합 같은 에너지

핵융합반응은 핵분열반응에서 얻을 수 있는 에너지보다 훨씬 더 많은 양의 에너지를 낼 수 있어요. 태양이 핵융합반응으로 몇억 년 동안 조금도 변하지 않고 빛을 낼 수 있듯이, 핵융합반응에서 나오는 에너지는 무궁무진하여 지구에 사는 사람들이 필요로 하는 모든 에너지를 얻을 수 있을 것으로 보고 있답니다.

핵융합반응은 플라즈마 상태에서만 가능해요. 플라즈마 상태가 되어 전자가 떨어져 나간 수소의 원자핵은 (+)전기를 띠게 됩니다. 같은 전기를 띤 수소의 원자핵끼리는 서로 밀어내려고 하는 성질이 있어요. 그런데 플라즈마를 아주 좁은 공간에 가둬 놓으면 서로 밀어내는 반발력을 이길 수 있게 되어 오히려 원자핵들이 서로 결합하게 된답니다.

이 과정에서 질량이 줄어들게 되는데, 질량이 줄어드는 양만큼 에너지로 변하게 되지요. 여러분, 아인슈타인 할아버지가 말한 질량 보존의 법칙을 기억하지요? 이렇게 생긴 에너지는 우리가 이용하기 어려울 정도로 엄청나답니다.

수소 형제를 이용한 핵융합반응

수소 원자를 플라즈마 상태로 만드는 것은 아주 어려워요. 그러나 수소에는 중성자를 하나 더 가진 형제가 있는데, 보통의 수소보다 두 배 무겁다고 해서 중수소라고 합니다. 또 다른 형제도 있는데, 이 형제는 중성자를 두 개 더 가졌어요. 보통의 수소보다 세 배 무겁다고 해서 삼중수소라고 하지요.

이런 형제들을 잘 이용하면 핵융합반응을 쉽게 일으킬 수 있답니다. 지금 과학자들은 보통의 수소를 연료로 하는 핵융합반응보다 좀 더 쉬운 무거운 수소 형제들을 이용하는 핵융합반응을 연구하고 있지요. 중수소와 삼중수소가 섞여 있는 연료 1그램을 사용해서 핵융합반응을 일으킨다면, 석유 약 8톤을 태우는 것과 같은 에너지를 얻을 수 있답니다.

바다 속의 수소를 사용해요

자연에는 이런 무거운 수소 형제가 많지 않답니다. 그러나 바닷물에는 중수소가 많이 포함되어 있지요. 보통의 수소 양에 비하면 아주 적은 양이지만, 그래도 바닷물이 워낙 많기 때문에 무거운 수소 형제들을 상당히 많이 모을 수 있답니다.

바닷물 1리터에서 0.03그램 정도의 중수소를 얻을 수 있지요. 아주 적은 양 같지만 이것이 모두 핵융합반응을 일으킨다면 휘발유 300리터를 태우는 것과 같은 많은 에너지를 얻게 된답니다.

핵융합이 좋은 점

지구의 70퍼센트가 바다라고 할 정도로 바닷물은 아주 많지요. 핵융합반응은 이렇게 많은 바닷물을 이용하니까 석유나 우라늄처럼 연료가 없어질 염려는 하지 않아도 된답니다. 여러분은 봉이 김선달에 대한 얘기를 들은 적이 있나요? 봉이 김선달은 평양의 대동강 물을 팔아 부자가 되었다고 해요. 그러나 핵융합반응에 사용하는 바닷물은 대동강 물처럼 돈 주고 살 필요 없으니 연료비가 들지 않는 장점도 있지요.

무궁무진한 꿈의 에너지

핵융합반응은 매우 높은 온도에서 일어나기 때문에 나쁜 온실가스도 다 타 버려 나오지 않는답니다. 그렇기 때문에 지구 온도가 높아지는 것을 걱정할 필요도 없지요. 만일 핵융합반응을 성공시킬 수만 있다면 연료는 무궁무진하고 돈도 들지 않고 온실가스 걱정도 하지 않아도 되니 정말 꿈의 에너지라고 할 만하지요.

그러나 앞에서도 말했듯이 지구에 인공태양을 만드는 것은 그렇게 쉽지 않아요. 플라즈마 상태를 만들려면 내부 온도를 섭씨 1억 도 가까이 올려야 하고, 또 이런 높은 온도에서 녹지 않고 견딜 수 있는 장치를 만드는 게 아주 어렵답니다. 하지만 인간의 힘은 우리가 생각하는 것보다 더 강하지요.

100년 전만 해도 누가 비행기를 타고 하늘을 날 수 있다고 생각했겠어요? 지금은 우주선을 타고 달나라까지 갈 수 있지요. 언젠가는 옛날 이카루스가 꿈꿨던 것처럼 태양까지 날아갈 수 있을 것입니다. 앞으로 훌륭한 과학자들이 많이 나와 이런 어려운 문제들을 잘 해결할 것이라고 여러분도 확신하지요?

최초의 인공태양

1993년 러시아에서 처음으로 인공태양이 설치되었습니다. 당시 태양빛을 반사하는 우산 모양의 커다란 반사경을 우주 공간에 있는 우주 정거장에 설치해 지구 일부 지역의 밤을 밝히는 실험을 했지요. '새로운 빛'이라고 불렀던 이 실험은 비록 태양처럼 강한 빛을 내진 못했지만, 달빛 정도의 빛을 얻는 데는 성공했답니다.

여러분, 불과 100년 전만 해도 우주에 나가는 것은 생각도 못했답니다. 지금은 우주선을 타고 달나라도 가잖아요. 여러분들이 훌륭한 과학자가 되어서 앞으로 태양까지도 갈 수 있게 해 주세요!

언제쯤 인공태양을 볼 수 있을까?

핵융합 연구를 위해 세계의 유명한 과학자들이 한곳에 모이기 시작했어요. 과학자들은 프랑스의 '카다라쉬'라는 지역에 모여서 함께 연구하고 있답니다. 이곳에 국제핵융합실험로를 만들 예정이지요. 우리나라를 포함한 미국, 유럽연합, 일본, 중국, 러시아, 인도 등 전 세계 인구의 반이 넘는 나라들이 참여하고 있답니다.

사람이 다니는 길, 이터

세계 과학자의 공동 연구를 위해서 2015년까지 핵융합 장치를 만들고, 이것이 완성되면 실제로 가동하면서 어려운 문제들을 풀어 갈 예정이에요. 이 연구는 '이터(ITER)'라고 불리는데, 이 말은 라틴어로 '사람들이 다니는 길'을 의미한답니다. 세계의 모든 사람들이 인공태양을 만들기 위한 길을 함께 가자는 뜻에서 만든 이름이지요.

2050년 인공태양이 뜹니다

인공태양을 만드는 게 쉽지는 않지만, 모든 사람들이 함께 노력한다면 꿈을 이룰 수 있겠지요? 이 연구는 2050년쯤이면 완성될 것으로 기대하고 있답니다. 인공태양이 지구에 만들어지면 석유나 석탄이 없어지는 것을 더 이상 걱정하지 않아도 돼요. 또 지금처럼 온실가스 때문에 지구의 빙하가 녹는 것도 염려하지 않아도 된답니다. 지구가 온실가스로 더럽혀지는 것도 걱정할 필요가 없으니 어서 이런 날이 오기를 기대하고 있지요. 후손들에게 깨끗한 지구를 물려 주고, 더 이상 에너지를 걱정하지 않고 풍요롭게 살 수 있는 미래가 오기를 손꼽아 기다리고 있답니다.

2 수소자동차가 달려요

상상력과 수소자동차

공상과학 영화를 보면 자동차가 하늘을 날아다니지요. 진짜로 이렇게 날아다니는 자동차를 만들 수 있을까요? 조금은 황당하게 느껴지지만 소설가들이 막연히 상상했던 많은 아이디어들이 50년 또는 100년이 지나 현실이 되기도 한답니다.

잠수함을 만들게 한, 쥘 베른의 소설 《해저 2만 리》

1866년 여러 척의 배가 대양 한가운데에서 정체를 알 수 없는 괴물과 부딪치는 일이 계속되었어요. 해양학자인 아로낙스 박사는 그 괴물을 거대한 '외뿔고래'라고 생각하고 조수인 콩세유와 함께 에이브라함 링컨 호를 타고 떠나게 됩니다.

외뿔고래라고 생각했던 괴물을 만나 공격을 하지만 괴물은 끄떡도 하지 않았습니다. 오히려 공격을 했던 포탄이 되돌아와 에이브라함 링컨 호에 부딪쳐 박사와 콩세유 일행은 물속으로 뛰어들게 돼요.

박사 일행은 우여곡절 끝에 이상한 물체를 발견하고 그 안으로 들어가 네모 함장을 만나게 됩니다. 그것은 잠수함이라는 것으로, 바로 괴물의 정체였지요. 그들은 네모 함장으로부터 잠수함에 들어온 이상 절대로 육지로 돌아갈 수 없다는 말을 들었어요.

그날부터 약 1년 동안 박사 일행은 네모 함장과 잠수함을 타고 여러 곳을 여행합니다. 크레포스 섬에서 사냥을 하거나 토인에게 쫓기기도 하고 해저 묘지와 아라비아 터널, 해저 화산 등 온갖 신비스런 곳을 탐험하게 되지요.

어느 날 아로낙스 박사는 네모 함장이 자신들에게 수면제를 먹여 일찍 재우려 한다는 사실을 알게 되었어요. 그는 함장이 아주 중요한 일을 하고 있다고 생각하여 그 비밀을 캐려고 하지만 결국 알아내지 못합니다. 하지만 나중에 네모 함장이 육지와 인연을 끊은 채 잠수함에서 생활하면서 해저에 있는 보물들을 꺼내 육지 사람들에게 나누어 주는 좋은 사람이라는 것을 알게 되지요.

결국 네모 함장이 이끄는 잠수함은 군함과 싸우다 소용돌이 속으로 빨려 들어가고, 박사 일행은 탈출하여 육지로 돌아오게 된다는 얘기가 바로 쥘 베른의 《해저 2만

쥘 베른의 《해저 2만 리》

쥘 베른의 《해저 2만 리》

꿈속에서만 여행하는 쥘 베른

'공상과학 소설의 선구자'로 불리는 쥘 베른은 열한 살 때 부모님 몰래 인도를 여행하려고 했답니다. 치밀한 계획에도 불구하고 아버지에게 붙잡혀 인도 여행을 포기해야 했지요. 그때 쥘 베른은 아버지에게 '꿈속에서만 여행하겠다.'고 약속했답니다. 비록 여행을 떠나지 못하고 상상에만 그쳤지만, 그는 어느 누구도 경험하지 못한 흥미진진한 여행을 소설 속에 풀어 놓으며 아이들뿐만 아니라 어른들의 사랑도 받아 왔답니다.

리》라는 소설입니다. 이 잠수함의 이름이 바로 노틸러스 호랍니다.

현실이 된 소설가들의 상상

쥘 베른은 상상력이 뛰어난 공상소설가입니다. 이 소설을 쓸 때에는 잠수함이라는 게 없었어요. 그러나 쥘 베른은 잠수함이라는 바다 속을 다니는 배를 상상으로 만들어 냈지요. 그리고 몇십 년 뒤 실제로 그런 잠수함을 만들게 되었답니다.

쥘 베른은 하늘을 날고 싶어 했지요. 그래서 그의 또 다른 소설인 《80일간의 세계 일주》에서는 주인공이 풍선 기구를 타고 80일 동안 세계를 여행한다는 기발한 아이디어를 냈습니다. 물론 그때는 비행기가 없었어요. 그러나 30년 뒤 라이트 형제가 비행기를 만들어 쥘 베른의 아이디어가 현실이 되었답니다.

또한 쥘 베른은 《신비의 섬》이라는 공상과학 소설도 썼답니다. 《신비의 섬》에서는 언젠가 가벼운 수소를 연료로 사용하는 자동차가 나올 것이라고 예상했지요. 이렇게 쥘 베른이 예상한 대로 수소자동차가 현재 만들어졌답니다.

점점 과학이 발달하면서 과학자들은 소설가들의 상상을 현실로 만들었습니다. 앞으로 100년쯤 지나면 날아다니는 자동차를 볼 수 있을지도 모르지요.

수소는 누가 발견했나요?

태양에너지의 원천인 수소는 우주가 시작할 무렵부터 지구에 있었지만, 인간이 수소를 분리하고 이름을 붙인 것은 200년밖에 안 되었답니다. 그런데 이 짧은 기간 동안 수소가 엄청나게 중요한 원소라는 사실을 깨닫게 되었지요. 수소의 역사가 곧 현대 과학의 역사라고 할 수 있을 정도로 중요하답니다.

지구의 미래에너지, 수소

수소는 이제 지구의 미래에너지 가운데 하나로 떠오르고 있답니다. 수소를 처음 발견한 사람은 영국의 과학자인 헨리 캐번디시인데, 그는 아연과 염산을 반응시켜 수소를 분리했지요.

이후 영국 왕립과학원에서 전기 불꽃으로 수소와 산소를 결합하여 물을 만드는 데 성공했습니다. 그때만 해도 물 성분의 이름이 정해지지 않았기 때문에 캐번디시는 하나를 '생명유지 기체', 다른 하나를 '불에 타는 기체'라고 불렀어요. 나중에 과학자들이 생명유지 기체를 산소라고 했고, 불에 타는 기체를 수소라고 이름 지었답니다. 수소(hydrogen)라는 명칭은 물에서 만들어진 기체라는 뜻을 가진 그리스어에서 따온 것이랍니다.

> 내가 바로 미래에너지 중 하나인 수소라구.
> 원소기호 1번인 것 잊지 않았지?
> 제일 가벼운 원소이기도 하지.

헨리 캐번디시(1731~1810년)
영국의 화학자이자 물리학자입니다. 수소의 발견으로 널리 알려져 있지요. 캐번디시는 아주 넓은 범위를 과학적으로 다루었으며, 그의 연구는 엄밀함과 정확성을 함께 갖고 있었답니다. 그리고 그는 일정한 질량을 갖고 있는 두 개의 구 사이에 작용하는 서로 잡아당기는 힘을 측정해서 뉴턴의 만유인력을 실험으로 증명했지요.

수소의 이용 방법

여러분은 최초의 내연기관이 수소를 연료로 했다는 것을 들은 적이 있나요? 수소를 연료로 한 최초의 내연기관은 '리바츠'라는 과학자가 이야기했지만, 수소기관을 처음 적용한 것은 1820년 '세실'이라는 과학자였답니다. 그러나 이 기관은 너무 무거워 실제로 활용되지 못했어요.

약 100년 뒤, 수소는 비행선을 만드는 데 큰 기여를 했습니다. 비행선은 하늘을 날아야 하기 때문에 가벼운 연료를 넣어야 한답니다. 독일에서 처음 만든 체펠린 비행선은 추진 연료로 수소를 사용해서 대서양을 횡단했지요.

이밖에도 독일이나 영국에서 실험용 자동차를 만드는 데 수소를 연료로 했고, 잠수함이나 *어뢰의 추진 연료로도 수소를 사용했답니다. 19세기 초에는 석탄을 가스로 만들어 지금의 도시가스 같은 연료를 만들었는데, 당시 유럽과 미국에서 난

무슨 뜻이에요?

*어뢰 : 물고기 모양처럼 생긴 함선 공격용 수뢰예요. 항공기나 군함에서 발사, 투하하면 자체 추진 장치에 의해서 나아가 목표에 부딪쳐서 폭발합니다.

> **공중에 떠 있는 비행선**
> 헬륨이나 수소처럼 공기보다 가벼운 기체를 물고기 모양의 주머니에 담아 떠오르게 한 것을 비행선이라고 해요. 주머니에 바구니를 단 기구와는 달리 동력 장치가 있고 방향을 조절할 수 있는 장치도 달려 있지요. 또한 우리가 타는 비행기와도 달라 비행선은 정지해 있더라도 공중에 떠 있답니다.

방할 때 사용했지요. 또 이렇게 만든 도시가스는 어둠을 밝히는 조명으로도 쓰였답니다. 이 가스에는 수소가 반 이상 포함되어 있었어요.

이후에도 수소는 비료의 원료로 활용되었답니다. 수소를 질소와 섞어 비료를 만들 수 있는데, 이 기술이 개발된 뒤에 수소는 주로 농작물이 잘 자라도록 하는 비료를 만드는 데 많이 사용되었지요. 이렇듯 수소는 우리 생활과 밀접한 관계가 있답니다.

수소연료전지자동차

오늘날에는 수소와 산소를 결합시켜 수증기와 전기를 만드는 연료전지가 개발되었지요. 앞으로 이 연료전지를 이용해서 전기자동차를 움직이게 할 것입니다. 많은 사람들이 수소자동차라고 부르는 것은 정확히 말하면 '수소연료전지자동차'라고 하는 게 더 맞는 말이랍니다.

이렇게 연료전지를 이용하는 전기자동차를 만든다면 휘발유를 사용해서 움직이는 지금의 자동차와는 다른 모습이 될 것입니다.

텔레비전을 보면 하이브리드 자동차가 달리는 것을 볼 수 있는데, 이 자동차는 연료를 두 가지 이상 사용하는 자동차를 말해요. 자동차가 달리고 있을 때는 수소연료전지를 사용하고, 속도가 줄거나 정지할 때에는 휘발유를 사용하는 거지요. 이렇게 하면 휘발유를 적게 쓰고도

> **비행선 '그라프 체펠린'**
> 그라프 체펠린은 20세기 초의 비행선 이름입니다. 독일 기구 개척자인 페르디난트 폰 체펠린의 이름에서 따왔답니다. '그라프(Graf)'는 백작을 의미하지요. 이 비행선은 1928년 9월 18일 최초로 비행했는데, 총 길이는 236.6m, 부피는 105,000㎥로, 그때는 최대 크기였지요. 5개의 마이바흐(Maybach) 550마력 엔진으로 동력이 공급되었고, 수소와 탄화수소의 혼합가스를 사용했으며, 60톤의 짐을 나를 수 있었답니다.

먼 거리를 갈 수 있지요. 완전한 수소자동차가 개발되기 전까지는 이런 형태의 자동차들을 많이 만들 것입니다.

자동차에 사용하는 휘발유를 다른 용도로 쓸 수 있다면, 새로운 화학제품을 훨씬 더 많이 만들 수 있어요. 아마 수소는 쓸모가 많은 미래에너지로 더욱 사랑받게 되겠지요. 지금 세계는 이런 수소를 어떻게 더 많이 효율적으로 만들 수 있는가에 엄청난 연구비를 쓰면서 경쟁하고 있답니다.

> **하이브리드를 이용한 이동수단**
>
> 하이브리드(hybrid)란 어떤 하나의 목표에 도달하기 위해 두 개 이상의 요소가 합쳐진 것을 말해요. 대표적인 예는 내연기관과 전기에너지를 함께 사용하여 움직이는 하이브리드 자동차이지요. 요즘은 산악용 자전거와 도로용 자전거를 합친 하이브리드 자전거도 있습니다. 일반 자전거보다 튼튼하고 빠르기 때문에 많은 관심을 받고 있지요.

날아다니는 자동차

공상과학 영화에 나오는 것처럼 하늘을 나는 자동차도 곧 만들 수 있지 않을까요? 자동차가 하늘을 날기 위해서는 우선 가벼워야 해요. 그러려면 가벼운 자동차를 만들 수 있는 금속재료가 필요합니다. 연료도 아주 가벼워야겠지요. 수소는 이런 연료 조건을 만족시키지만, 아직은 많은 기술이 더 개발되어야 해요. 가장 중요한 문제는 '수소를 어떻게 보관해야 하는가?' 하는 것이랍니다.

수소 저장 방법

수소를 저장하기 가장 쉬운 방법은 액체 상태로 만들었다가 필요할 때 다시 가스로 만들어 사용하는 방법인데, 수소를 액체 상태로 만들기 위해선 장치가 필요하지요. 하지만 이런 장치가 복잡하고 무거워 차에 달고 다니기 쉽지 않고, 또 수소를 액체로 만드는 과정에서 손해를 많이 보게 된다는 단점이 있답니다.

수소를 저장하는 또 다른 방법은 수소와 금속을 결합시켜 두었다가 활용하는 거예요. 수소저장합금이라고 하는 이것 역시 무거운 금속이므로 날아다니는 자동차에 적용하기는 어렵답니다. 게다가 날 수 있을 정도로 가벼운 금속은 아직 없어요. 그러나 축구장 같은 큰 비행기가 날 수 있다면, 자동차 같은 작은 비행체를 만드는 것도 머지않아 가능할지 모르지요. 과학자들은 100년 안에는 날아다니는 자동차를 선보일 수 있을 것으로 보고 있답니다. 단순히 영화 속의 상상이 아니라 현실이 될 날이 머지않았다는 생각이 들어요.

원자력으로 수소를 만들어요!

우리가 먹고 마시는 물은 산소와 수소로 만들어졌답니다. 물에 전기나 열을 가해

> **수소저장합금**
>
> 수소저장합금은 온도가 낮아지거나 압력이 높아지면 금속의 표면에 수소를 흡수하는 합금을 말해요. 수소저장합금은 반대로 온도가 높아지거나 압력이 낮아지면 수소를 다시 내뱉는답니다. 수소를 흡수할 때 열을 내고 수소를 내뱉을 때는 열을 흡수하는 성질도 있어, 수소의 저장과 운반의 목적뿐 아니라 냉난방 장치로 사용하기도 하지요.

산소를 떼어 내면 수소를 만들 수 있지요. 그러나 많은 사람들이 충분히 쓸 수 있을 만큼의 수소를 만들기란 그렇게 쉽지 않아요. 열이나 전기를 사용하여 물을 끓이는 데 돈이 너무 많이 들기 때문이지요. 태양열이나 풍력을 이용해서 전기를 만들 수도 있지만, 이 방법도 돈이 아주 많이 든답니다.

원자력을 이용하면 수소를 만드는 데 많은 돈이 들지 않아요. 또 수소를 효과적으로 많이 만들 수도 있답니다.

원자력발전은 비교적 작은 크기의 원자로에서 많은 열을 값싸게 만들 수 있어요. 원자로에서는 핵분열로 생긴 열로 물을 끓여 수증기를 만드는데, 이때 전기를 만들고 남은 열을 수소를 만드는 데 사용하는 것이지요. 전기도 만들고 수소도 만들면 꿩 먹고 알 먹고 아주 좋겠지요? 그러나 현재는 기술이 부족해서 원자력발전만으로 수소를 만드는 게 쉽지는 않답니다.

지금은 물을 끓이는 데 들어가는 에너지가 2라면 여기서 나오는 수소에너지는 1밖에 되지 않아요. 나오는 에너지가 들어가는 에너지의 반밖에 되지 않으니 아직은 밑지는 장사인 셈이랍니다. 그래서 과학자들은 들어가는 에너지보다 나오는 에너지를 더 많게 하려고 열심히 연구하고 있답니다.

흑연 원자로

원자로를 수소를 만드는 데에만 사용하면 더 많은 수소를 만들 수 있겠지요? 뜨거운 열로 물을 분해하려면 온도가 아주 높아야 해요. 높은 열에 견딜 수 있는 원자로를 만들어야 하는데, 그것이 그렇게 간단하지는 않답니다. 그래서 원자력을 연구하는 과학자들은 흑연을 이용한 새로운 원자로를 개발하고 있어요.

흑연은 섭씨 4천 도의 높은 온도에서도 변하지 않고 잘 견딜 수 있답니다. 이렇게 높은 온도에서 견딜 수 있어야 물을 분해하는 데 효과적이거든요.

하지만 흑연은 탄소 성분으로 이뤄져 있기 때문에 높은 온도에서 공기와 닿으면 타는 문제가 있어요. 이런 문제를 해결하려면 높은 열을 견디면서 흑연을 충분히 식혀 줄 수 있는 냉각재가 반드시 필요하지요.

현재 수소 다음으로 무거운 헬륨이 다른 물질과는 전혀 반응하지 않는 성질을 갖고 있기 때문에 가장 알맞은 냉각재로 알려져 있답니다. 또 높은 온도에서도 안정적인 상태를 유지하면서 다른 물체를 식혀 주는 능력도 뛰어나지요. 그러나 값이 너무 비싸 특별한 용도가 아니면 잘 사용하지 않는답니다.

이렇게 흑연과 헬륨을 이용해서 섭씨 900도 이상의 열을 낼 수 있는 원자로를 개발하고 있는데, 이런 종류의 원자로를 '초고온가스 원자로'라고 한답니다. 이미 미

흑연과 다이아몬드

우리가 사용하는 연필심의 재료로 알려진 흑연은 다이아몬드와 구성 성분이 같아요. 흑연과 다이아몬드 둘 다 탄소가 주성분이지만, 탄소 원자의 결합 방식이 다르기 때문에 성질이 아주 다르지요. 흑연은 글씨를 쓸 수 있을 만큼 연한 데 비해 다이아몬드는 가장 단단한 광물이랍니다.

현재 탄소와 전이 금속을 7만 5천 기압과 섭씨 1700도 정도의 열을 가해 인조 다이아몬드를 만들고 있습니다. 대부분 공업용 연마석으로 사용하고 있지요.

국이나 일본 등 선진국에서는 초고온가스 원자로를 개발하기 시작했으며, 우리나라에서도 대전에 있는 한국원자력연구원에서 이런 원자로를 개발하기 위해 구슬땀을 흘리고 있답니다.

선진국에서는 이미 수소로 가는 자동차를 만들어서 사용하고 있어요. 그러나 아직 수소를 쉽게 만들 수 없어서 수소자동차 가격이 비싸답니다. 우리나라에서도 수소자동차를 만들었는데 가격이 10억 원 정도라니 아직은 그림의 떡이지요. 원자력을 이용해서 수소를 많이 만들 수 있다면 앞으로 휘발유보다 더 싼 가격으로 자동차를 운전할 수 있게 될 거예요. 머지않아 원자력 기술로 물을 분해하여 만든 수소를 연료로 하는 수소자동차가 길거리를 다니게 되겠지요.

앞으로 15년쯤 뒤면 쥘 베른이 140년 전에 상상했던 수소자동차를 선보일 수 있을 것으로 기대한답니다.

3 태양과 에너지

무한한 태양에너지 활용

태양은 우리에게 아주 많은 것을 주어요. 추운 겨울에도 태양이 비치는 곳은 따스하답니다. 땅이 꽁꽁 얼었다가도 태양이 비추면 언제 그랬나 싶게 다 녹아 버리지요. 태양에너지는 얼마나 커서 빛이 한번 비추면 꽁꽁 언 얼음까지 다 녹게 될까요? 이렇게 막대한 태양에너지를 직접 활용할 방법은 없을까요?

태양에너지와 발전소

아침에 해가 떠 낮이 되면 햇빛이 세상을 따스하게 해 주지만, 밤이 되어 해가 지면 추워지지요. 만일 낮 동안에 태양이 주는 에너지를 잘 모았다가 밤에도 쓸 수 있다면 지구를 항상 따뜻하게 만들 수 있겠지요? 태양이 가진 막대한 에너지를 한 번 쓰고 버리기는 아깝다는 생각이 들지 않나요?

사람들은 해가 비치는 동안에 태양에너지를 모으려고 했어요. 그러나 태양이 워낙 커서 지구 전체를 비추다 보니 어느 한 곳에서 태양에너지를 전부 모으는 게 어려웠지요. 여러분은 볼록렌즈를 가지고 햇빛을 모아 종이를 태워 본 적이 있나요? 볼록렌즈에 초점이 모아진 햇빛은 종이를 태울 수 있을 정도로 강하답니다.

사람들은 이것을 보고 볼록렌즈를 여러 곳에 펼쳐 놓는다면 많은 태양에너지를 모을 수 있을 것이라는 생각하게 되었습니다. 볼록렌즈와 같은 널찍한 집열판을 이용해서 빛을 모은다면 집열판을 쉽게 데울 수 있겠지요.

이렇게 데워진 집열판의 열을 이용해서 그 밑을 지나가는 물을 끓여 수증기가 생기게 하는 거예요. 수증기를 이용해서 터빈을 돌리면 전기를 만들 수 있답니다. 아주 간단한 발전소가 된 셈이지요. 전기를 만들고 남은 뜨거운 물은 온수로 사용할 수 있고, 난방에도 사용할 수 있어요. 지금 이렇게 만든 조그만 발전소가 우리 주변에 많이 있답니다.

그러나 태양열을 이용한 발전은 화력발전이나 원자력발전처럼 큰 에너지를 만들기는 어렵답니다. 태양열은 전체적으로는 매우 많고 강하지만, 한군데로 다 모을 수 없기 때문에 정해진 곳에서만 적은 양의 전기를 만들 수 있지요.

현재 태양열을 이용한 발전으로는 기껏해야 집 한 채나 조그만 아파트 정도에 전기를 공급할 수 있는 정도랍니다.

우리나라에도 이런 태양열을 이용해서 지은 집들이 곳곳에 많이 있답니다. 그런 집들이 모여 있는 곳을 태양열주택단지라고 하지요.

볼록렌즈와 오목렌즈

빛이 어떤 물질을 통과하면 물질의 특성에 따라 빛의 방향이 바뀌어요. 볼록렌즈와 오목렌즈를 보면 빛이 순간적으로 바뀐다는 것을 알 수 있지요. 빛은 유리를 통과할 때 두꺼운 쪽으로 휘어지는 성질이 있는데, 볼록렌즈는 중앙 부분이 가장자리보다 두껍기 때문에 빛이 중앙으로 모이는 거예요. 반대로 중앙 부분이 가장자리보다 얇은 오목렌즈는 빛을 바깥으로 퍼지게 하는 성질이 있지요.

공해가 없는 에너지

태양열을 이용한 발전은 공해가 없다는 장점이 있어요. 또한 지구가 더워진다는 염려를 할 필요가 없고, 햇빛을 돈을 주고 살 필요도 없으니 연료비 걱정도 없답니다.

그러나 해가 강하게 잘 비치는 봄이나 여름에는 쉽게 집열판을 데워 에너지를 얻을 수 있지만, 겨울에는 햇빛이 약해 많은 에너지를 만들기 위한 충분한 열을 낼

구미시, 환경친화적 시설로 최초 태양열주택단지 조성

경상북도 구미 교리2 지구에 신재생에너지를 이용하는 태양열주택단지가 조성되고 있습니다. 환경친화적 시설로 교리2 지구를 전원도시로 개발 중이랍니다.

수 없다는 단점이 있지요.

또 적은 열에도 잘 데워지는 집열판의 가격이 비싸기 때문에, 아직은 전기를 만드는 데 드는 비용이 다른 발전보다 많이 듭니다. 그러나 계속해서 새로운 기술을 개발하고 있으니 점점 태양열을 효과적으로 이용할 수 있을 것으로 보고 있답니다.

세계의 태양열주택단지

친환경 발전의 중요성에 대한 관심이 높아지면서 세계 여러 나라에서 태양열주택을 짓고 있어요. 독일의 프라이부르크에서는 태양에너지를 생활에 이용하는 정책을 발표함으로써 독일의 '환경수도'이자 '태양의 도시'로 불리고 있지요. 일본에서도 22만 가구가 넘는 태양열주택을 지었어요. 우리나라도 앞으로 정부의 보조 아래 10만 가구 정도의 태양열주택을 지을 예정이며 태양열아파트단지도 조성할 계획이랍니다.

햇빛으로 전기를 만드는 태양광발전

태양열을 이용해서 전기를 만드는 방식의 효율이 낮기 때문에 집열판을 데워 수증기로 전기를 만드는 것보다 집열판에서 직접 전기를 만들면 더 좋겠다는 생각이 들었어요. 이런 발전 방식을 태양광발전이라고 합니다.

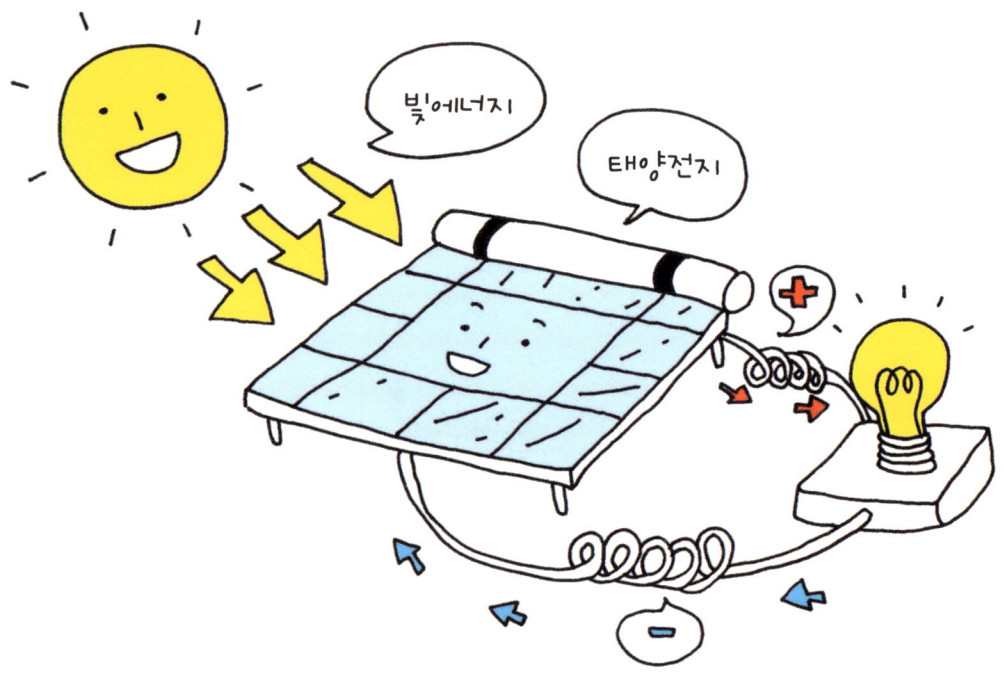

직접 빛을 이용하는 태양광발전

태양광발전은 빛의 열을 이용하는 게 아니라, 빛을 직접 이용하는 것을 말한답니다. 빛을 쏘이면 전자가 튀어나와 전기를 흐르게 하는 넓은 판을 만들고, 이 판에 태양 빛을 쬐어 전기를 만드는 것이지요. 텔레비전은 형광판에 전자를 주사한 뒤 전자의 에너지를 이용해 형광입자가 발광하는데, 이것과 비슷한 방식이에요. 판에서 생긴 전자들을 모아 필요한 전기를 만드는 것이지요. 이런 판을 태양전지라고 하는데, 빛에너지를 전기에너지로 바꾸는 아주 멋진 장치랍니다.

다시 말하면 태양전지에 닿은 태양 빛은 태양전지 속으로 흡수되며, 이 흡수된 태양 빛이 가지고 있는 에너지에 의해 전기를 띠는 알갱이, 즉 전자가 발생합니다. 전자는 태양전지 속을 흐르게 되는데, 이 전자 알갱이들을 모아 전기를 만드는 것이지요.

프랑스 과학자가 만든 태양전지

태양전지는 1839년 프랑스의 과학자가 처음 만들었는데, 그때는 태양전지로 만든 전기가 너무 적어 잘 이용하지 않았어요. 하지만 많은 사람들이 연구를 거듭해서 이제는 많은 양의 전기를 만들 수 있게 되었답니다.

반도체를 이용한 태양전지

태양전지는 실리콘과 같은 반도체로 만드는데, 반도체는 특이한 성질을 가지고 있지요. 반도체는 보통 때는 전기가 잘 통하지 않지만, 온도가 올라가거나 에너지가 가해지면 전기가 잘 흐르게 된답니다.

반도체를 이해하려면 먼저 도체를 이해해야 해요. 도체는 금이나 구리처럼 전기가 잘 통하는 물체들을 말하는데, 이런 도체는 열을 가하면 저항이 커져서 오히려 전기가 통하는 것을 막게 되지요. 이와는 반대로 반도체는 열을 가해야만 전기가 통하는 성질을 가졌답니다.

태양전지는 반도체의 이러한 성질을 이용한 것이지요. 실리콘을 사용해서 만든 태양전지로 햇빛에 포함된 에너지의 약 15퍼센트를 전기로 바꿀 수 있답니다. 매우 적은 양이지요. 태양전지 하나에서 만들 수 있는 전압은 기껏해야 0.6볼트에 지나지 않아 전기를 만든다고 해도 1.5와트라는 적은 양밖에 만들 수 없어요. 이 전압으로는 겨우 꼬마전구 한 개를 밝힐 수 있을 정도랍니다.

하나의 태양전지에서 만들 수 있는 에너지는 양도 적고 전압도 낮지만, 이런 전지를 여러 개 연결하면 많은 전기를 얻을 수 있답니다. 태양전지를 여러 개 연결한 것을 *태양전지 모듈이라고 해요. 이렇게 몇 개의 전지를 연결하면 자동차에서 사용하는 배터리 정도의 전기를 만들 수 있지요.

전지를 더 많이 연결하면 더 많은 전기를 만들 수 있겠지요? 그러나 태양전지도 아직은 들어가는 에너지에 비해 나오는 전기 양이 충분하지 않아 더 많은 연구가 필요하답니다.

마법의 돌, 반도체

'마법의 돌'이라고 불리며 20세기 최대의 발명품 중 하나로 꼽는 반도체는 우리나라가 자랑하는 기술입니다. 현재 우리나라가 수출하는 품목 중 가장 많은 비중을 차지하지요. 반도체는 대부분의 현대 생활 필수품에 사용돼요. 컴퓨터는 물론이고 휴대전화, 디지털카메라 등에 활용되지요. 반도체 외에 우리나라의 앞서가는 기술로는 커다란 배를 만드는 조선 기술, 철강 기술, 인터넷 등의 정보통신 기술 등이 있답니다.

무슨 뜻이에요?

*태양전지 모듈 : 태양전지 여러 개를 규칙적으로 붙여 연결한 것으로 보통 한 개의 태양전지에서 만드는 전압보다 훨씬 높은 전압을 얻을 수 있어요. 태양전지는 공기나 물이 닿으면 부식하기 때문에, 모듈의 위는 햇빛이 잘 통과할 수 있도록 유리로 덮고 아래 면은 특수한 플라스틱으로 싸 준답니다.

전기를 저장했다가 쓸 수 있나요?

태양을 이용해서 전기를 만들면 만든 곳에서 바로 쓸 수 있지요.
만든 전기를 바로 쓸 수 있도록 만든 장치를 독립형 태양광발전기라고 불러요. 독립형 태양광발전기는 자가발전 장치와 같은 것인데, 이것은 태양전지 모듈과 전기를 저장하는 축전기 그리고 전기를 자체적으로 변환할 수 있는 변환기 등이 있으면 된답니다.

태양광발전과 전기를 저장하는 축전기
태양열발전이나 태양광발전 모두 우리가 필요할 때 사용하려면 발전으로 만든 전기를 저장할 수 있는 장소가 필요하답니다. 이렇게 전기를 저장하는 장소를 축전기라고 하는데, 자동차에 사용하는 배터리가 이와 비슷한 것이지요. 자동차의 시동을 걸려면 많은 전류가 순간적으로 흐르도록 해야 해요. 그때 배터리의 전기가 상당히 많이 소모되는데, 자동차가 달리기 시작하면 새로운 전기가 만들어져 다시 배터리에 저장되지요. 태양광발전에서도 같은 원리를 사용하고 있답니다.

태양광발전에서 전기를 많이 만들면 만들수록 축전기의 용량이 커야겠지요? 축전기는 전기를 저장하는 것은 물론 우리가 필요할 때에는 필요한 양만큼 전기를 뽑아 쓸 수도 있어야 하기 때문에 기술이 쉽지는 않답니다. 그러나 지금은 용량이 큰 축전기를 만드는 기술이 어느 정도 완성되었다고 합니다.

태양광발전과 교류전기 변환기
태양광발전기에서 만든 전기는 배터리처럼 전류의 방향과 크기가 변하지 않는 직류전기입니다. 전압이 12볼트나 24볼트밖에 안되기 때문에 집에서 사용하려면 변환기를 사용해 220볼트의 교류전기로 바꾸어 주어야 하지요.

물론 전등이나 텔레비전, 냉장고 등 가전제품들이 모두 직류전기로 작동이 가능하다면 이런 변환기는 필요 없겠지만, 지금 우리가 사용하고 있는 가전제품들은 모두 220볼트의 교류전기로 작동되기 때문에 이런 변환은 반드시 필요하답니다.

독립형 태양광발전기의 장단점

독립형 태양광발전기는 전선망을 연결하기 어려운 외딴 곳에서 매우 유용하답니다. 환경을 파괴하지 않고 값싸게 전기를 이용할 수도 있으니 좋답니다.

그러나 아직 태양광발전으로 전기를 만드는 게 화력발전보다 비용이 더 많이 들어요. 발전에 사용되는 기기들의 가격이 비싸고 또 대부분 외국에서 수입하기 때문이지요. 하지만 기술이 점점 더 좋아지고 있으니 앞으로는 더 싸게 태양광발전을 이용할 수 있을 것으로 기대하고 있답니다.

전기를 전력회사로 보내요

태양광발전으로 만든 전기를 바로 사용하는 것과는 또 다른 형태로, 만든 전기를 큰 전력회사의 전선망에 연결하여 사용하는 방법이 있어요. 즉, 태양광발전소에서 만든 전기를 전선망을 통해 전력회사로 보내고, 또 그 지역에서 필요할 경우에는 다시 전력회사

몽골의 독립형 태양광발전기

몽골 등지에서는 발전 용량이 50와트 정도인 작은 독립형 태양광발전기가 많이 있다고 해요. 하루에 햇빛이 적어도 다섯 시간만 비친다면, 이것으로 전등 세 개를 켤 수 있고 라디오도 들을 수 있다고 합니다. 해가 더 오래 비쳐 전기를 더 많이 만들 수 있는 날이면 텔레비전도 몇 시간 볼 수 있고 컴퓨터도 쓸 수 있지요.

로부터 전기를 받아 사용할 수 있게 한 것이랍니다.

이런 형태의 발전소에서는 넓은 공터에 태양전지 모듈을 많이 설치해서 만든 전기를 전력회사에 팔 수 있으며, 별도로 전기를 저장할 공간을 만들 필요가 없으니 설치 비용이 적게 드는 이점도 있지요. 우리나라의 많은 태양광발전은 이런 형태로 운영되고 있답니다.

해바라기 같은 태양광발전

해바라기는 해가 비치는 곳을 따라 움직여요. 아침이면 해가 뜨는 동쪽으로 얼굴을 돌리고 점점 해가 지는 서쪽으로 움직이지요. 이런 해바라기처럼 집열판도 해를 따라 움직여 더 많은 시간 동안 햇빛을 받을 수 있답니다.

지구 자원이 점점 줄어들기 때문에 석탄이나 석유 등 화석연료를 아껴야 한다는 말을 앞에서 여러 차례 했지요? 비록 지금은 경제성이 떨어지지만, 무한히 사용할 수 있고 공해 물질도 전혀 나오지 않는 태양을 이용한 발전 방식이 더 많이 활용되어야 할 것입니다.

축구장 93배 크기의 태양광발전소

전라남도 신안군에는 커다란 태양광발전소가 있어요. 이 발전소는 축구경기장의 93배 크기로, 넓은 땅에 태양전지 모듈을 설치하고 해바라기처럼 태양을 따라 움직이면서 발전하도록 만들었지요. 이곳은 버려진 땅 가운데 해가 오래 비치는 갯벌을 이용해 만들었기 때문에 환경을 파괴하지 않으면서 많은 전기를 만들 수 있어 여러 가지로 유익한 발전소랍니다. 전기 생산량도 24메가와트로 큰 편이지요. 화력발전소의 크기와 비교해 10분의 1로 자그마하지만 지금까지는 우리나라에서 가장 큰 태양광발전소랍니다.

4 바람으로 만드는 전기

풍차로 전기를 만들어요

여러분은 히딩크 감독을 기억하나요? 히딩크 감독은 한국 축구를 처음으로 세계 4강에 올린 명감독이지요. 그의 고향이 바로 네덜란드랍니다. 네덜란드라고 하면 무엇이 생각나나요? 아름다운 튤립과 풍차가 생각나지요? 네덜란드 대부분의 지역은 바다 표면보다 낮답니다.

날개 4개가 달린 네덜란드의 풍차

네덜란드는 사람들이 살고 있는 땅이 바다보다 낮기 때문에 바닷물이 육지로 흘러 넘쳐 들어오는 일이 많았어요. 물이 들어오지 못하게 *방파제를 쌓아도 물이 육지로 넘치는 일이 많았답니다. 네덜란드 사람들은 넘친 물을 뽑아내기 위해서 4개의

> 무슨 뜻이에요?
> *방파제 : 바닷물이 육지로 넘치지 않도록 쌓은 뚝을 말합니다. 바다의 거센 파도를 막아서 항구를 보호하지요.

날개가 달린 풍차를 이용하게 되었지요. 바람의 힘을 이용해서 풍차를 돌려서 들어오는 바닷물을 퍼냈답니다. 풍차는 옛날에도 있었어요. 고대 페르시아에서는 풍차를 이용해서 낮은 곳의 물을 끌어 올리거나 곡식을 빻기도 했지요.

바람을 이용하는 풍차

풍차를 영어로 윈드밀(windmill)이라고 하는데, 앞의 윈드(wind)는 바람을 뜻하고, 밀(mill)이라는 단어는 곡식을 빻는 맷돌이나 제분기를 의미합니다. 이것으로 보아 예로부터 풍차가 곡식을 빻는 데 사용된 것을 알 수 있어요. 풍차의 모양은 아주 단순하지만, 자연의 힘을 이용해서 에너지를 만들려는 인간의 지혜가 담긴 걸작품이랍니다.

풍차를 돌려 전기를 만들 수 있어요!

바람이 강하게 불면 풍차에 달린 날개가 돌게 되지요. 날개가 빠르게 회전할수록 강한 힘이 생기는데, 이 힘을 이용해서 터빈을 돌리고 전기를 만든답니다. 풍차를 돌리는 풍력발전은 바람만 불어오면 언제 어디서나 가능하기 때문에 바람이 많이 부는 사막이나 해변, 섬 등에 많이 설치하지요.

제주도의 풍력발전소

제주도에는 현재 북쪽 지역에 19개의 풍력발전소가 있고, 앞으로도 여러 곳에 약 30개 정도를 더 만들 예정이에요. 제주도는 육지에서 멀리 떨어진 섬이라서 전기가 항상 부족하답니다. 지금은 전선을 바다 밑으로 깔아 육지에서 전기를 공급받고 있는데, 풍력발전을 이용한다면 앞으로는 이런 걱정을 하지 않아도 될 것 같아요.

또한 풍력발전은 설치하는 시간이 많이 들지 않고 설치하기가 쉬워서 앞으로 화석 연료를 대신해서 많이 이용될 것으로 보고 있답니다. 다만 바람이 불지 않으면 풍차를 돌릴 수 없으므로 일 년 내내 사용할 수는 없어요.

우리나라는 바람이 많이 부는 대관령이나 제주도에 큰 풍력발전소를 세웠답니다. 대관령에 있는 넓은 목장에는 크고 높은 기둥을 세우고 큰 바람개비를 달아 전기를 만들고 있지요. 드넓은 초원에 세워진 49개의 커다란 바람개비들 아래로 소들이 풀을 뜯고 있는 광경은 아주 아름다워 많은 사람들이 구경을 가는 관광지가 되었답니다. 49개의 큰 바람개비에서 만들 수 있는 전기의 양이 조그만 화력발전소에서 만드는 것과 같다니 대단하지요?

풍력발전에 반대하는 사람들

풍력발전은 바람을 이용하기 때문에 연료비가 전혀 들지 않아요. 그러나 큰 바람개비를 만들고 전기를 생산하는 기기들을 만드는 데 비용이 많이 든답니다. 더구나 아직 우리나라에서는 이런 기기들을 많이 만들고 있지 않기 때문에 거의 외국에서 사다 쓰고 있지요. 이런 이유로 전기를 만드는 비용이 그렇게 싸지 않답니다.

경제적인 풍력발전

풍력발전도 전기를 만드는 비용이 비싸지만 화석연료에서 나오는 이산화탄소를 줄이기 위한 비용까지 생각한다면, 앞으로는 풍력발전을 더 늘릴 수 있을 것으로 본답니다. 또 돌아가는 바람개비의 크기를 더 크게 하고 바람에 대한 저항을 줄인다면 훨씬 경제적인 발전이 가능할 것으로 보고 있지요.

대관령의 큰 바람개비

우리나라 대관령 목장에 세워진 풍력발전소를 보면 바람개비가 엄청나게 크답니다. 우리가 가지고 노는 바람개비도 바람을 받아 날개가 회전하지요. 물론 풍력발전소의 큰 바람개비처럼 많은 에너지를 만들지 못하지만 과학을 이용한 재미있는 놀이기구가 될 수 있답니다.
바람개비는 날개를 크게 만들수록 바람을 맞는 부분이 많아 그만큼 힘을 더 받을 수 있기 때문에 더 빨리 돌아가지요.

풍력발전소

대관령뿐만 아니라 바람이 많은 제주도 등에도 풍력발전소를 세우고 있는데 대부분은 덴마크의 베스타스(Vestas)사의 설비들을 수입해서 설치만 하고 있지요.
현재 국내 풍력발전기들은 대부분 수입품이지만 효성과 유니슨 회사 등 우리나라 회사에서 풍력발전을 위한 기술을 개발하고 있답니다.

풍력발전이 자연환경에 해가 되나요?

풍력발전에 반대하는 사람들은 큰 바람개비 날개가 돌면서 생기는 소음과 바람개비가 돌면서 내는 주파수가 낮은 소리 파동인 저주파 때문에 새가 살기 힘들다고 하지요. 또 주변의 주민들도 낮게 웅웅거리는 소리 때문에 잠을 이루기 어렵다고 불평을 많이 한답니다. 그러나 대부분의 풍력발전소는 사람들

이 사는 지역에서 상당히 멀리 떨어진 곳에 세우기 때문에 큰 걱정은 하지 않아도 되지요.

또 어떤 사람들은 커다란 기둥들이 풍경을 망치지 않을까 염려를 해요. 날개 크기가 큰 것은 80미터에 이르고 탑의 높이가 100미터가 넘는 거대한 구조물이지만, 놓는 장소만 잘 택한다면 오히려 웅장함을 느낄 수도 있지요.

지금은 날개 모양을 곡선을 사용해서 아름답게 만들고 있으며, 수많은 큰 바람개비 날개가 회전하는 모습 자체가 장관을 이루어 네덜란드와 독일 바닷가에 세운 풍력발전소를 보러 세계의 많은 관광객들이 찾아가기도 하지요. 여러분도 제주도로 여행을 가면 풍력발전단지가 하나의 관광지로 되어 있는 것을 볼 수 있을 거예요.

바람이 많이 부는 바다와 풍력발전

안데르센 동화 가운데 인어공주 이야기를 들어 본 적 있지요? 덴마크에 가면 아주 커다란 인어공주 동상이 있어요. 그런데 인어공주 동상 주위의 바닷가에는 커다란 풍차들이 많이 있답니다. 커다란 풍차들은 바다에서 부는 바람을 이용해서 전기를 만드는 시설이에요. 덴마크는 400여 개의 섬으로 이루어졌는데, 세계 최초로 북해와 발트해에서 강하게 불어오는 바람 자원을 이용해서 전기를 만들어 낸 나라랍니다.

덴마크는 전기의 5분의 1을 풍차에서 만들어요

100여 년 전 덴마크의 기상학자인 폴 라쿠르는 풍차를 이용해 전기를 만드는 방법

바람을 일으키는 선풍기

더운 여름에 우리를 시원하게 해 주는 선풍기도 풍차와 닮았어요. 하지만 전기를 이용해서 날개를 돌려 바람을 만드는 방식은 풍차와 전혀 다르지요. 최초의 선풍기는 1600년대에 만들었어요. 그때의 선풍기는 지금과는 조금 다른 모양으로, 부채 모양의 날개가 하나밖에 없었고 전기가 아니라 천장에 매달아 놓은 추의 무게를 이용해서 회전축을 돌렸지요. 그 뒤 에디슨이 전기를 이용한 선풍기를 만들었답니다.

을 생각해 냈지요. 이것이 풍력발전의 시작이었지만 그때는 그렇게 많이 활용하지는 못했어요. 그러나 21세기에 들어서면서 덴마크는 바닷바람을 이용한 풍력발전기를 건설하기 시작했지요. 이제 덴마크는 사용하는 전체 전기의 5분의 1을 풍차를 돌려 만들고 있답니다. 앞으로 지금보다 2배의 전기를 바

덴마크는 세계 최초로 바람을 이용해 전기를 만든 나라예요.

닷바람에서 얻으려고 계획하고 있을 정도로 풍력발전에 크게 기대하고 있지요. 덴마크가 바람에 의존하는 것은 그만큼 바람의 질이 좋기 때문이에요. 바람이 거의 일정하게 한 방향으로 불어 주는 덕분이랍니다.

육지에는 이미 많은 풍차들이 세워져 있어 그 수를 늘리기 어렵지만, 넓은 바다 한가운데에 풍차를 더 세워 전기를 만들려고 하고 있답니다.

바다에 세우면 경제적인 풍차

우리나라에서도 바다에 풍차를 세워 전기를 만들려고 해요. 인천국제공항이 있는 영종도 남쪽의 섬 무의도 앞바다에 약 40개의 커다란 바람개비를 세워 인천시가 사용하는 전기의 1.4퍼센트에 해당하는 아주 많은 양의 전기를 만들려고 한답니다. 이렇게 만든 전기는 원자력발전소 하나에서 나오는 전기의 10분의 1과 맞먹을 정도로 엄청난 양이지요.

인천시는 이 풍력단지를 주변에 있는 아름다운 경치와 어울리게 해서 관광 테마파크를 만들려고 한답니다. 이렇게 해서 전기도 만들고 관광객들이 구경도 할 수 있게 할 생각이지요.

바다에 풍력발전소를 세우는 곳은 인천만이 아니에요. 우리나라의 많은 곳에서 바닷바람을 이용한 풍력발전소를 세우려고 하고 있지요. 대표적으로 전라남도 신안군 임자도 앞바다에 큰 해상풍력단지를 세울 계획을 하고 있어요. 이 단지에서 생산하는 전기의 양도 엄청나 20만 가구가 사용할 수 있답니다.

바다에 세우면 가장 좋은 풍력발전소

풍력발전은 공해 물질이 나오지 않는 친환경 에너지이지만 아주 넓은 공간이 필요하답니다. 그래서 산에 풍력발전소를 세울 경우에는 주변 환경을 훼손할 수도 있기 때문에 반대하는 사람도 많지요. 가장 좋은 방법은 네덜란드나 독일처럼 바다 한가운데 짓는 것이랍니다. 바람도 방해를 받지 않고, 주변 환경을 훼손할 이유도 없기 때문이지요. 그래서 바다는 풍력발전을 하기 위한 가장 좋은 장소랍니다. 하지만 바다에 세우는 데 비용이 너무 많이 들기 때문에 우리나라에서는 바다에 풍력발전소를 많이 짓지 못하고 있지요.

바다에 큰 풍차를 세우면 배가 다닐 수 있나요?

바닷바람을 이용한 풍력발전은 이용 가치가 크지만, 반대하는 사람들도 많답니다. 너무 많은 바람개비를 세우면 주변의 아름다운 경치를 망치고 즐길 수 없다는 점과 혹시 어선들이 충돌하지 않을까 하는 점을 걱정하고 있지요. 또 바람이 세게 불면 새들이 날기 어려울 것이라고도 하지요. 그러나 이런 점들은 크게 걱정하지 않아도 될 것 같아요.

풍력발전은 자연에 해롭지 않아요

덴마크에서도 처음에는 주민들이 여러 이유 때문에 반대를 많이 했어요. 그러나 막상 발전소를 지어 전기를 만들어 보니, 점차 그런 염려는 괜한 걱정이었다고 하는 사람들이 많아졌지요. 바람개비의 날개는 바다 표면보다 100미터 정도 높은 곳에 있으며, 바람개비와 바람개비의 간격도 충분히 넓어 배가 다니는 데 전혀 지장이 없답니다. 철새들이 이동하는 데에도 큰 방해를 받지 않습니다.

지금은 덴마크의 풍력발전 기둥에서 새들이 쉬는 모습을 볼 수 있다고 하니 참 다행이지요. 아직 정확한 이유는 알 수 없지만, 풍력발전소가 세워진 다음에 바다의 *해조류가 더 많이 자라 물고기가 몰려들어 오히려 고기잡이가 더 나아졌다는 소식도 있답니다.

바람개비의 모양도 주변 경치를 해치지 않도록 점점 아름답게 만들고 있어요. 덴마크의 코펜하겐 공항에서 비행기를 타고 주변의 코발트빛 발트해를 내려다보면 그림 같은 광경이 펼쳐지는데, 이것이 자연과 하나가 된 해상풍력발전소의 모습이라고 덴마크는 자랑하고 있답니다.

무슨 뜻이에요?

*해조류 : 바다에서 나는 식물을 통틀어서 해조류라고 합니다. 어느 정도의 깊이에서 자라는지와 무슨 빛깔을 띠는지에 따라서 갈조류, 녹조류, 홍조류로 나뉜답니다. 미역, 김, 파래, 매생이 등이 모두 해조류이지요.

단점보다 장점이 많은 풍력발전

다만 큰 바람개비에서 생기는 소음이 바닷가에 사는 사람들과 동물들을 방해한다는 점이 흠이라고 할 수 있지요. 소음을 없애려면 바닷가에서 더 멀리 바람개비를 세우면 되는데, 만든 전기를 육지로 가져오는 데 어려움이 있기 때문에 더 멀리 세우는 것은 불가능하답니다. 또한 바람개비가 고장 나면 고치기 어렵다는 것도 단점이라고 할 수 있지요.

그러나 이런 모든 단점에도 많은 전기를 만들 수 있다는 장점이 더 크기 때문에, 앞으로 계속해서 바다에 풍력발전소를 세우려고 한답니다.

풍력발전도 다른 에너지를 만드는 방식과 마찬가지로 단점이 있어요. 또 앞으로 해결해야 할 기술 과제들도 남아 있지요. 하지만 다른 에너지원과 비교한다면 이런 단점들은 충분히 극복할 수 있을 것이라고 본답니다. 자연이 주는 혜택을 얼마나 잘 이용하는가는 사람들이 노력하기에 따라 달라질 수 있겠지요. 이제는 풍력발전이 우리에게 주는 혜택을 잘 이용할 수 있는 지혜가 필요한 때랍니다.

5 바다에 숨어 있는 무한한 에너지

바닷물로 에너지를 만들어요

바다 속에는 상상할 수 없을 정도로 많은 에너지가 있답니다. 크고 작은 물고기들을 잡아 식탁에서 먹을 수 있는 것도 바다가 주는 큰 혜택 가운데 하나이지요. 우리 몸이 건강하려면 반드시 단백질을 섭취해야 해요. 그런데 바다 속에는 우리들이 먹어야 하는 동물성 단백질의 6분의 1 정도를 줄 정도로 많은 물고기들이 살고 있답니다.

바다는 에너지 보물창고

바다 속에는 많은 광물들도 있지요. 태평양이나 인도양 등 깊은 바다 속에는 망간, 코발트, 니켈 등 생활에 필요한 광물들이 많이 묻혀 있답니다. 석유나 천연가스 등 화석연료도 많이 묻혀 있지요. 일본이 독도를 자기 땅이라고 우기는 것도 바다 속에 있는 무한한 에너지를 가지려는 욕심 때문이랍니다.

그러나 깊은 바다는 압력이 너무 커서 함부로 들어가면 안돼요. 반드시 산소통과 압력을 이길 수 있는 장비를 갖추고 들어가야 한답니다. 요즈음은 아주 깊은 바다 속의 자원을 캐기 위해서 수중로봇을 활용하기도 해요.

이것뿐이 아니에요. 바닷물을 마시면 짜지요? 바닷물에는 소금이 많이 녹아 있기 때문이에요. 해안가에 가면 염전이 있어요. 이곳은 바닷물을 증발시켜 우리가 음식을 만들 때 사용하는 소금을 만드는 곳이에요. 바다에 있는 자원만 잘 활용할 수 있다면 우리도 부자라고 할 수 있답니다.

바다가 우리에게 주는 이로움이 자원 제공만 있는 게 아니에요. 지구에 바다가 있다는 것만으로 얼마나 다행인지 몰라요. 바다는 태양열을 잘 흡수한답니다. 그래서 바다를 최대의 태양열 수집기라고도 하지요. 이렇게 바다가 태양의 뜨거운 열을 흡수하고 식혀 주기 때문에 지구 온도가 올라가는 것을 막을 수 있어요.

만일 바다가 흡수한 태양열을 전기로 바꿀 수 있다면 지구에 사는 모든 사람이 사용하는 전기량의 4천 배나 된다고 하니 엄청난 양이지요? 불행히도 바다가 흡수한 많은 열을 직접 이용할 수 있는 기술은 아직 없답니다. 파도가 치는 것도 바다가 흡수한 열이 위치마다 달라 생기는 것인데, 이러한 바다의 온도 차이를 이용한 발전도 연구 중이랍니다.

> **바다에너지의 종류**
> 바다에는 파도에너지, 조석에너지, 해류에너지, 바이오에너지 그리고 온도차에너지 등 다양한 형태의 에너지가 있어서 이런 바다의 엄청난 힘을 이용하려는 노력이 계속되고 있습니다.

밀물과 썰물을 이용한 큰 발전소

밀려오는 파도 속에는 엄청난 에너지가 숨어 있답니다. 힘이 센 천하장사도 밀려오는 큰 파도를 막기 어렵지요. 이런 파도의 엄청난 힘을 이용할 수는 없을까요? 사람들은 바다의 무한한 에너지를 이용해서 전기를 만드는 방법을 생각해 왔어요.

한강 상류에 커다란 댐을 건설하여 흐르는 물을 막았다가 한꺼번에 낮은 곳으로 흘려보내면서 떨어지는 물의 힘으로 전기를 만든다는 것을 기억하지요? 이 것이 바로 수력발전의 기본 원리예요.

이와 비슷한 방법으로 바닷물을 이용할 수 있어요. 밀려 들어오는 파도를 높은 곳에 받아 두었다가 썰물이 생길 때 낮은 곳으로 한꺼번에 쏟아 내면 수력발전처럼 전기를 만들 수 있답니다. 이렇게 밀

밀물과 썰물

모든 바다에서는 하루에 두 번씩 물이 밀려 들어왔다가 다시 밀려 나가는 현상이 나타나요. 바닷물이 밀려 들어오는 것을 밀물, 밀려 나가는 것을 썰물이라고 하지요. 이런 현상은 달이나 태양이 지구를 당기는 힘 때문에 나타난답니다. 또한 지구가 태양 주위를 돌 때 생기는 원심력의 차이에 의해서도 생길 수 있지요.

조류로 돌리는 수차

옛날부터 밀물과 썰물 때 변하는 바닷물의 흐름을 이용하여 수차를 돌려 에너지를 만들었답니다. 11세기 프랑스에서 수차에서 만든 동력을 이용해서 옥수수나 밀을 가루로 빻기 시작했지요. 또한 중세 유럽에서는 큰 통나무를 자르는 제재소나 밀을 빻는 제분소를 운영하기도 했답니다.

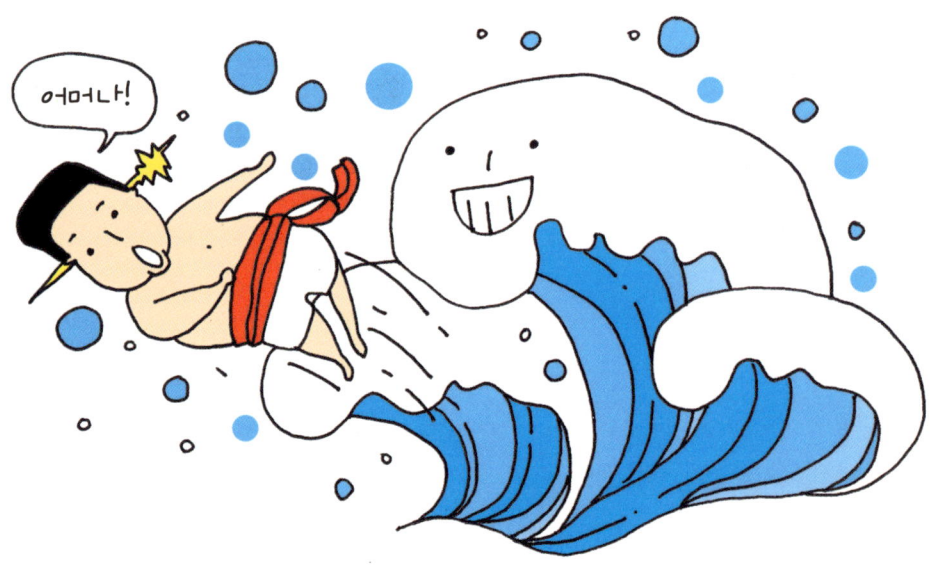

물과 썰물 때문에 생기는 바닷물의 높이 차이를 이용해서 에너지를 얻는 발전 방식을 조력발전이라고 하지요.

우리나라 서해안은 밀물과 썰물 때문에 생기는 해수면 높이 차이가 큰 편이에요. 크게는 10미터까지 차이가 난다고 해요. 차이가 클수록 큰 에너지를 만들 수 있기 때문에, 서해안은 조력발전소를 세우기에 좋은 조건을 가진 곳이랍니다.

우리나라 서해안의 조력발전소

충청남도 태안 앞바다에 있는 가로림 지역은 바다가 육지로 파고 들어와 있어요. 이런 지형을 만이라고 해요. 가로림만은 바닷물이 들어오는 입구가 아주 좁지만 일단 안으로 물이 들어오면 육지로 둘러싸인 넓은 공간이 있어 자연스럽게 저수지가 만들어지지요.

밀물일 때 바닷물이 가로림만으로 흘러 들어와 저수지에 가득 찹니다. 그때 만의 입구를 *방조제로 막은 다음 썰물이 될 때 모아 둔 물을 낮은 바다로 쏟아 내면 전기를 만들 수 있답니다.

우리나라 서해안과 남해안에는 이런 만이 많이 있기 때문에 입구는 좁고 안은 넓은 지형을 몇 군데 골라 조력발전을 하려고 합니다. 가로림만은 그 중 하나로 세계에서 가장 큰 조력발전소를 지을 예정이지요. 이 발전소는 전기 생산량이 조그만 화력발전소에서 생산할 수 있는 전기 양과 비슷할 정도로 많답니다.

프랑스 랑스의 조력발전소

프랑스와 영국 사이의 바다는 폭이 좁아 해협이라고 불러요. 이 해협에 접해 있는 프랑스 브르타뉴 지방의 랑스 해안 하구에는 밀물과 썰물 차이가 세상에서 가장 크대요. 그래서 밀물이 들어왔다 썰물로 나갈 때에는 아주 큰 조류가 생긴답니다. 40여 년 전에 프랑스는 이 지역에 바닷물의 힘을 이용한 큰 조력발전소를 건설했지요. 프랑스는 먼저 랑스 해안 하구에 댐을 만들어 엄청난 양의 물을 저장할 수 있는 저수지를 만들었어요. 밀물일 때 들어와 저수지를 가득 메운 바닷물은 썰물일 때 낮아진 바다로 떨어지면서 24개의 터빈을 돌릴 정도로 많은 양의 전기를 만들어 내지요. 또 바닷물이 저수지로 밀려 들어올 때에도 발전기를 돌릴 수 있답니다.

또한 서해안의 천수만도 조력발전소를 짓기에 좋은 장소로 꼽고 있어요. 인천 남쪽에는 바다와 연결된 시화호가 있지요. 시화호는 바다로 통하는 입구가 아주 좁아 얼핏 보면 큰 호수 같답니다. 원래 시화호는 밀물이 들어왔다 잘 빠져나가지 못해 죽음의 호수라고 부를 정도로 나쁜 지형이었어요. 그러나 지금은 이 시화호의 물이 잘 빠져나갈 수 있게 만들어 큰 조력발전소를 건설하고 있답니다. 가로림만에 지어질 발전소보다 규모가 약간 작지만 먼저 선을 보일 예정이랍니다.

무슨 뜻이에요?

*방조제 : 밀물일 때 바닷물이 육지로 넘쳐 들어오는 것을 막는 긴 둑입니다. 문을 만들어 필요에 따라 열고 닫으며 바다 주위의 농경지를 보호하지요. 세우는 장소와 수문이 있다는 점에서 방파제와 다르답니다.

파도의 힘을 이용한 발전

파도가 치면 물이 위아래로 움직이는 것을 볼 수 있지요. 자세히 보면 물은 위아래로만 움직이는 게 아니라 앞뒤로도 움직인답니다. 바닷가에 가면 파도가 쉴 새 없이 육지 쪽으로 밀려왔다가 다시 바다로 밀려가는 것을 볼 수 있지요? 이렇게 파도가 칠 때 물이 가지는 운동에너지를 이용하면 전기를 만들 수 있답니다. 이런 발전 방식을 '파력발전'이라고 해요. 파력이란 '파도의 힘'이라는 뜻이지요.

파도를 이용한 스포츠

하와이나 오스트레일리아처럼 따뜻하면서 바람이 많이 부는 나라의 바닷가에서는 판자 따위를 타고 파도 속을 빠져나가며 묘기를 부리는 모습을 많이 볼 수 있어요. 이제는 스포츠의 하나로 자리 잡은 파도타기의 역사는 선사시대까지 거슬러 올라갑니다. 타히티의 폴리네시아인이 처음 시작해서 하와이에 전했다고 해요. 파도타기가 본격적으로 세계에 알려진 것은 20세기랍니다. 우리나라는 파도가 높게 치는 바다가 없어 파도타기가 많이 알려져 있지 않지만, 요즈음 제주도에는 파도타기를 하러 사람들이 찾아오기도 하지요.

파도의 높이를 이용하는 파력발전

파력발전은 100여 년 전부터 연구가 시작되었지만, 큰 관심을 끌지 못했어요. 하지만 석유 값이 크게 오르자 많은 나라에서 다시 연구를 하고 있고, 우리나라에서도 이미 몇 곳에서 파력발전을 하고 있답니다.

파력발전에는 파도의 높이를 이용해서 바닷가에 발전기를 설치하는 방법이 있고, 높은 파도가 치는 바다에 직접 발전기를 설치하는 방법도 있습니다. 그러나 바다에 발전기를 설치하면 돈이 많이 들고 유지하기 어렵다는 단점이 있어, 아직은 배가 지나가는 길을 안내하는 등대에 이용하는 정도로 작은 규모의 발전에만 사용하고 있답니다.

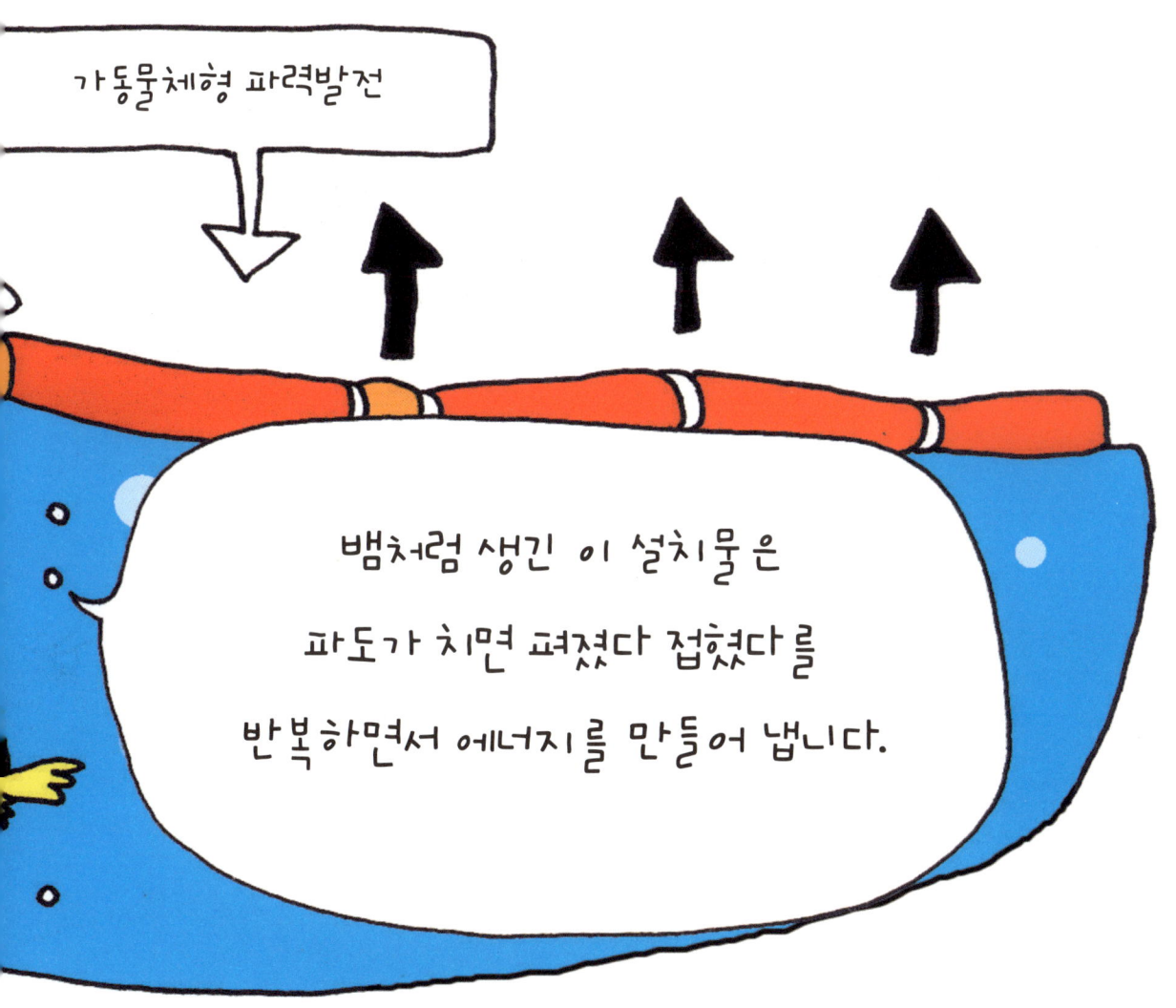

바닷물 온도차로 전기를 만들어요

바다 표면의 물과 깊은 바다 속의 물은 온도 차이가 있어요. 심한 경우에는 섭씨 20도 정도까지 차이가 난답니다. 이렇게 바닷물의 큰 온도 차이를 이용해서 에너지를 만들 수 있어요. 태양 빛을 받아 온도가 올라간 바다 표면에서 암모니아나 프레온 가스 같은 물질을 증발시키고, 그때 생긴 수증기를 차가운 깊은 바닷물로 식혀 다시 액체로 만들어요. 이러한 과정을 되풀이하면서 생기는 압력 차이를 이용하여 터빈을 돌리는 것이지요. 이런 발전 방식을 '온도차발전'이라고 한답니다.

바닷물의 온도 차이가 커야 온도차발전이 가능해요

온도차발전 방식은 100여 년 전에 프랑스에서 개발했으나 많이 이용하지 못했습니다. 이 발전 역시 석유 파동이 있던 1970년대에 들어 사람들의 관심을 끌어, 미국은 하와이 섬 근처에 조그만 발전소를 세우게 됐지요. 그 뒤 일본 등 여러 나라에서 새로운 기술을 개발해서 발전을 계속하고 있답니다.

태평양이나 인도양처럼 적도에 가까운 바다는 물의 깊이가 깊어 윗부분은 따뜻하지만 깊은 곳은 아주 차갑지요. 이런 곳에서는 온도차발전이 잘 된답니다. 그러나 우리나라는 바닷물의 온도 차이가 그렇게 크지 않고, 또 여름과 겨울의 바닷물 온도가 다르기 때문에 이런 온도차발전은 아직 어렵다고 합니다. 안타깝게도 바다를 이용해서 얻는 다른 형태의 에너지도 아직 많은 전기를 만드는 데에는 크게 활용되지 못하고 있어요. 지금 우리가 이용할 수 있는 바다에너지는 밀물과 썰물의 차이로 에너지를 만드는 조력발전만 가능하다고 보고 있답니다.

6 쓰레기와 에너지

바이오에너지가 뭐예요?

우리가 생활하면서 나오는 쓰레기는 음식물 쓰레기뿐만 아니라 포장지 등 생활 쓰레기도 아주 많답니다. 농촌에서 농사를 짓고 쌀을 수확할 때도 쌀알을 뺀 나머지는 쓰레기랍니다. 벼에 매달린 쌀알보다 버려야 하는 게 훨씬 더 많답니다. 소나 돼지를 키우면 냄새가 나는 많은 똥들을 치워야 하지요. 우리 주변을 보면 이렇게 쓰레기가 아주 많습니다.

생물체를 원료로 하는 바이오에너지

쓰레기를 치우지 않고 오래 두면 썩으면서 고약한 냄새가 나요. 그래서 집에서는 쓰레기들을 매일 바로바로 버리지요. 그런데 이제는 쓰레기를 함부로 버리면 안돼요. 버리는 쓰레기에서 우리가 필요로 하는 에너지를 얻을 수 있기 때문이랍니다.

아주 먼 옛날 원시인들은 불을 사용하기 시작하면서 음식을 만들거나 추위를 이기기 위해 나무와 풀을 태웠어요. 그러다 점차 동물의 배설물이나 나무 열매에서 기름을 만드는 방법도 알게 되었지요. 옛날 우리 선조들도 어둠을 밝히기 위해 들깨에서 짜낸 들기름으로 등잔불을 켰답니다. 부엌에서 가마솥에 밥을 짓기 위해 산에서 마른 나뭇가지들을 주워 모아 사용하기도 했지요. 여러분도 과학시간에 알코올램프를 가지고 실험한 적이 있지요? 알코올램프에 사용되는 연료는 마른 나무에서 뽑아낸 메탄올이에요.

이렇게 광물이 아닌 생물체를 연료로 해서 얻을 수 있는 에너지를 바이오에너지라고 한답니다. 생물에너지 또는 바이오매스에너지라고도 하지요. 또한 생물체로부터 얻는 연료를 바이오연료라고 해요.

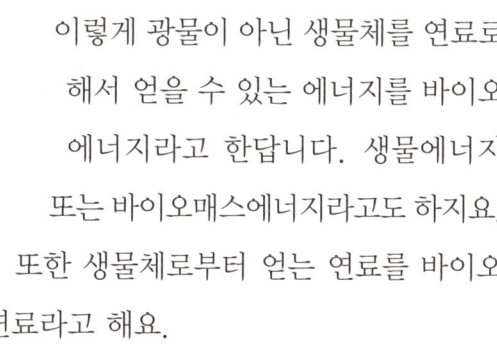

똥도 에너지예요

이제 동물의 똥이라고 해서 더럽다고만 느끼면 안돼요. 배설물에도 연료로 쓸 수 있는 많은 유기물이 포함되어 있답니다. 배설물이 분해되면서 액체나 기체 성분이 나오는데, 이 중에는 메탄가스처럼 쉽게 불이 붙는 것들도 있지요.

큰 숲에 가면 햇볕을 잘 받는 곳의 나무들은 잘 자라지만 어떤 나무들은 시들어 죽어 가고 있는 것을 볼 수 있어요. 전 세계에서 이렇게 시들어 죽어 가는 나무와 풀들이 엄청나게 많다고 해요. 만일 이렇게 죽

똥을 이용해서 만드는 에너지

세계 여러 나라에서 가축의 똥오줌을 이용한 재생에너지 활용이 활발히 이루어지고 있어요. 독일의 윈데라는 마을에서는 똥을 모아 전기를 만들어 사용하고, 남은 전기는 팔기도 합니다. 미국 샌프란시스코에서는 애완동물의 똥을 유기물을 분해하는 박테리아와 함께 모아 놓아 메탄가스를 만들어요. 이 가스로 발전기를 돌려 전기를 만들지요. 덴마크 또한 1980년대 후반부터 가축의 배설물을 이용하여 재생에너지를 만들고 있답니다.

어 썩어 가는 식물들을 모두 모아 태워서 에너지로 바꿀 수 있다면 지구의 모든 사람들이 일 년 동안 사용하는 에너지의 9배에 이른다고 하니 놀랍죠? 이렇게 동물들의 배설물이나 썩은 식물들이 발효하면서 나오는 메탄가스나 알코올 같은 것을 이용하여 바이오에너지를 만들 수 있답니다.

에너지원과 바이오매스

지구에 사는 모든 생물들은 살아가기 위해 영양분을 섭취해야만 해요. 매일 고르게 음식을 섭취하고 따뜻한 환경이 유지되어야 잘 살 수 있답니다. 이 모든 에너지의 근원은 태양이에요. 엽록소를 가진 녹색 식물은 햇빛을 받아 이산화탄소를 식물이 자라는 데 필요한 성분으로 바꿀 수 있어요. 사람을 비롯한 동물들은 이런 식물들이 내는 에너지를 먹으면서 성장해 가지요. 이렇게 에너지원으로 사용되는 생물이나 생물들을 구성하는 물질을 바이오매스라고 한답니다. 만일 이런 바이오매스를 충분히 이용할 수 있다면 에너지 걱정은 하지 않아도 될지 모릅니다.

넓게 보면 석탄이나 석유, 천연가스도 오래 전에 동식물이 죽어 썩으면서 만들어진 것이지만, 이런 것들은

우리나라의 바이오에너지 이용

전 세계적으로 환경오염이 큰 문제가 되면서 우리나라도 바이오매스를 이용하는 발전 시설이 건설되고 있어요. 전라남도는 2012년까지 화순·무안·함평·영광 네 곳에 바이오에너지 발전소를 만들 계획이에요. 이 발전소를 지으면 하루에 6만 가구가 사용할 수 있는 전기를 만들 수 있을 거라 기대하고 있지요. 그리고 경상남도 창녕과 경기도 등지에도 바이오매스를 이용한 발전소가 건설되었답니다.

바이오에너지에 포함시키지 않고 별도로 화석연료라고 하지요.

쓰레기도 중요한 연료

우리가 버리는 쓰레기 중에는 유기물질들이 포함되어 있는 게 아주 많답니다. 이런 유기물질들은 썩으면서 알코올이나 메탄가스처럼 쉽게 불이 붙는 성분을 만들어요. 농작물 쓰레기, 수초 그리고 음식물 쓰레기도 좋은 바이오연료가 될 수 있지요. 이렇게 만들어지는 바이오연료는 에탄올, 메탄올, 바이오디젤 같은 액체 형태나 수소나 메탄가스 같은 기체 형태가 있어요. 바이오연료는 주로 자동차 연료나 다른 내연기관의 연료로 사용되고 있답니다.

바이오에너지가 널리 사용되지 못하는 이유

버리는 쓰레기나 죽은 동식물을 이용하면 큰돈도 들지 않는데, 왜 이런 바이오에너지를 잘 활용하지 못할까요? 2002년 월드컵 경기를 벌였던 서울의 상암축구장을 기억하나요? 이 축구장은 난지도라는 쓰레기로 만든 섬에서 아주 가깝답니다. 서울에서 나오는 많은 쓰레기를 버릴 곳이 마땅하지 않아, 이 섬에 서울의 모든 쓰레기를 버렸어요. 그래서 사람들은 난지도를 '쓰레기 섬'이라고 했지요. 그런데 많은 노력을 기울여 쓰레기를 묻어 생긴 이 섬의 환경과 생태를 복원했답니다.

쓰레기섬과 메탄가스 활용

이제는 이 쓰레기섬에 나무가 자라고 새가 날아와 쉴 정도로 환경이 좋아졌어요. 또 월드컵공원, 평화의 공원, 하늘공원 등 5개의 테마공원도 만들어 서울 시민들이 이곳에서 편하게 쉴 수 있게 되었답니다.

처음에는 난지도에 버린 쓰레기에서 많은 양의 메탄가스가 나와 신경이 많이 쓰였다고 해요. 메탄가스는 고약한 냄새가 나고 쉽게 불이 붙거든요. 하지만 이제는 발생하는 메탄가스를 모아 난방용으로 활용하는 등 상당히 많은 에너지를 얻을 수 있게 되었답니다.

> **지구온난화의 주범이 소래요!**
>
> 죽은 동식물이 썩으면서 생기는 메탄가스는 대체에너지로 사용할 수 있지만, 이산화탄소와 마찬가지로 온실효과를 일으켜 지구를 덥게 만들기도 하지요. 하지만 이런 메탄가스는 우리가 뀌는 방귀 성분 중 하나이기도 합니다. 특히 소는 먹이를 한 번 삼킨 뒤 다시 게워 내어 씹기 때문에 소가 방귀를 뀌고 트림을 할 때마다 많은 양의 메탄가스가 나오지요. 덴마크는 소가 내뱉는 메탄가스가 자동차의 배기가스보다 많다고 해서 소를 기르는 농가에 세금을 내게 하는 법을 추진 중이라고 합니다.

그러나 이런 바이오에너지를 만들려면 너무 많은 돈이 들고 넓은 면적이 필요한 게 문제랍니다. 또한 발생하는 가스 양이 일정하지 않아 활용하는 데에는 아직 어려움이 많지요. 가축들의 배설물에서 나오는 메탄가스를 이용해서 전기를 만들 계획

도 세웠지만, 발전소를 운전할 수 있을 정도로 충분한 메탄가스를 얻기 위해 필요한 엄청난 양의 배설물을 얻기가 쉽지 않아요. 자연에 있는 동식물들의 죽은 몸에서 에너지를 뽑아 쓸 수는 있지만, 필요한 에너지를 얻기 위해서 한군데 모으기가 쉽지 않기 때문에 아직 크게 활용되지 못하고 있답니다.

미국이나 스웨덴에서는 못 쓰는 나무토막, 톱밥, 나무뿌리나 잎으로 전기를 만들고 있지요. 그러나 아직 전기 생산량이 매우 적은 편입니다. 버려진 쓰레기를 활용하는 것은 바람직하지만 쓰레기를 모으는 게 그렇게 간단하지 않기 때문에, 지금은 그 중 일부만 활용하고 있는 정도랍니다.

사람이 만드는 바이오연료

썩은 나무나 풀을 태우면 엄청난 에너지를 얻을 수 있다고 했지요? 그렇다고 모조리 다 태우면 큰일나요. 이미 죽어서 썩은 식물이지만, 이런 것들이 어느 정도 남아 있어야 다른 식물들이 자라는 데 없어서는 안되는 중요한 거름이 되거든요. 석탄이나 석유 등 줄어드는 화석연료를 대신할 새로운 에너지를 만드는 방법으로 바이오매스를 꼽았지만 자연에서 얻을 수 있는 양이 충분하지 않기 때문에 사람들은 직접 바이오연료를 만들게 되었지요.

식용 알코올과 연료

지금은 바이오매스를 이용해서 에너지를 만드는 기술이 많이 발전했답니다. 한 가지 예를 들면, 미생물을 이용해서 가소홀이라는 에탄올을 만들지요. 에탄올은 먹을 수도 있어 술을 만드는 데 사용하는 알코올인데, 석유에 비해 이산화탄소 발생이 10분의 1밖에 되지 않는 공해가 적은 연료랍니다.

석유가 전혀 나지 않는 브라질에서는 에탄올을 자동차 연료로 많이 쓰고 있지요. 브라질에는 설탕의 원료인 사탕무와 사탕수수가 많이 있는데, 이 속에는 많은 당분이 들어 있답니다. 당분은 에탄올을 만드는 데 꼭 필요한 성분이에요. 사탕무나 사탕수수를 간단한 처리 과정을 거쳐 발효시키면 에탄올을 만들 수 있고, 이렇게 만든 에탄올을 연료로 활용하고 있습니다.

옥수수와 유채꽃 연료

미국은 옥수수가 많이 나는 나라이지요. 그래서 미국은 옥수수에서 에탄올을 만드는 방법을 개발했답니다. 일본에서는 코알라가 좋아하는 유칼립투스라는 나무의 잎에서 기름을 뽑아 가솔린을 대신하는 연료를 만들기도 했지요. 유럽에서는 유채꽃에서 뽑은 기름을 이용해서 바이오디젤 연료를 만드는 데 성공했답니다.

우리나라 제주도는 봄이 되면 유채꽃이 만발해서 아주 아름다워요. 아름다운 유채꽃을 보기 위해 많은 사람들이 제주도에 가지요. 우리나라에서도 곧 유채꽃을 이용하여 바이오연료를 만들 수 있을 것으로 보고 있답니다.

바다 속의 바이오연료

넓은 바다에도 바이오연료를 만들 수 있는 생물이 많답니다. 미국의 태평양 연안에 많이 사는 해조류 중 자이언트켈프는 성장이 아주 빠르지요. 크기도 60미터 정도로 해조류 중 가장 크기 때문에 바다 속에서 거대한 숲을 이룬답니다. 고래 중에서 가장 큰 흰수염고래의 크기가 30미터 정도라고 알려져 있는데, 이 해초는 큰 고래의 두 배되는 크기이니 얼마나 큰지 짐작이 가지요? 자이언트켈프는 다시마와 비슷한 종류로 여러 가지 영양분들을 가지고 있답니다.

특히 요오드 성분이 많아 다이어트 식품으로도 널리 쓰이며, 전복의 먹이로도 쓰이지요. 이런 해조류를 태우면 유리나 비누를 만들 때 사용하는 나트륨이라는 성분이 많이 나온답니다. 자이언트켈프를 이용하여 에탄올을 만드는 등, 바다 속에 사는 해조류는 활용할 수 있는 가치가 많기 때문에 해조류로 새로운 연료를 만들려는 연구가 미국을 비롯한 여러 나라에서 진행되고 있습니다.

바이오에너지 때문에 식량이 부족해요

바이오매스로 눈길을 끄는 식물 대부분은 우리가 많이 먹는 것들이에요. 미국에서 에탄올을 만들기 위해서 사용하는 옥수수는 사람도 많이 먹지만 돼지 먹이로도 쓰이고 있답니다. 많은 양의 옥수수를 에탄올을 만드는 데 쓰면 사람들이나 가축들은 다른 곡식을 먹어야 하지요. 그러다 보니 옥수수 값이 많이 올랐어요. 세계적으로 식량이 부족한데, 바이오에너지 때문에 점점 더 식량이 부족해지고 있답니다.

바이오연료와 자연환경 파괴

사탕수수나 사탕무는 설탕을 만드는 원료라고 했지요? 그런데 많은 양을 바이오연료를 만드는 데 사용하니 설탕 가격이 오를 수밖에 없지요.

이런 유용한 식물들을 바이오연료를 만드는 데 쓰게 되면 많은 사람들이 굶게 될 것이라고 걱정하는 사람들이 많아요. 자연에 버려진 나뭇가지나 마른 풀을 사용하면 큰 문제가 없지만, 바이오연료를 만들기 위해 멀쩡한 큰 나무들을 벤다면 자연환경이 많이 파괴되겠지요?

> **생태계의 보물창고, 아마존**
>
> 세계 최대의 열대우림 지역인 아마존은 총면적이 500만 제곱킬로미터가 넘고 지구 전체 산림 면적의 3분의 1을 차지합니다. 아마존에서 만들어 내는 산소의 양은 지구가 필요로 하는 산소의 25퍼센트에 해당하지요. 게다가 아마존 밀림 속에 전 세계 동식물의 30퍼센트가 살고 있으며 아직 알려지지 않은 동식물도 많이 있을 것이라 하니, 아마존은 무궁무진한 에너지가 숨어 있는 생태계의 보물창고라고 할 수 있답니다.

브라질에는 아마존이라는 아주 큰 밀림이 있는데, 그곳은 지구의 허파로 불릴 정도로 이산화탄소를 많이 줄여 주고 맑은 공기를 만들어 주지요. 그런데 브라질이 산업을 발전시키기 위해서 아마존에 울창하게 자란 큰 나무들을 많이 베어 버렸답니다. 이렇게 자연이 파괴되면서 지구 온도가 올라가는 현상이 생겼다고 많은 사람들이 걱정할 정도예요.

옛날부터 우리가 살고 있는 지구는 자연과 인류가 균형을 잘 맞추며 살아왔는데, 산업이 발전하면서부터 이로운 자연환경을 파괴하는 일이 잦아졌지요. 아마존처럼 울창한 숲에 있는 식물 자원을 이용하여 바이오연료를 만드는 것보다 버려지는 자원을 활용하는 게 바람직한데, 그렇게 하기가 쉽지 않다는 게 문제랍니다.

대부분의 쓰레기는 한 곳에서 나오지 않고 여러 지역에서 흩어져 나오지요. 여러 지역의 쓰레기들을 한 곳에 모으려면 많은 노력이 필요하고 돈도 많이 들어요. 특히 가축의 배설물 같은 쓰레기는 한꺼번에 나오지 않고, 매일 조금씩 나오는 것을 모아야 하지요. 그러다 보니 들이는 노력에 비해 나오는 바이오연료의 양이 적어 큰 손해를 볼 수도 있답니다.

연료를 만드는 방법이 종류마다 달라요

바이오연료를 아주 많이 만들 수 있는 옥수수나 사탕수수를 제외하면 바이오매스를 이용하여 연료를 만들기 위한 방법은 종류에 따라 달라진답니다.

가축의 배설물에서 연료를 뽑는 과정은 썩은 나뭇잎에서 연료를 뽑는 방법과 달라요. 또 음식물 쓰레기는 그 속에 물과 소금기가 많아 특수한 방법을 사용해야 하지요. 이렇게 하나의 바이오매스에서 적은 양의 에너지를 뽑기 위해서 각각 다른 공장을 세워야 하기 때문에 많은 비용이 들게 됩니다.

또 연료를 만드는 과정이 매우 복잡해서 큰 공장을 세워야 하는 점도 단점 가운데 하나예요. 이렇게 돈이 많이 들다 보니 많은 나라에서 귀찮게 버려진 쓰레기를 이용하기보다는 쉽게 이용할 수 있는 옥수수나 사탕수수로 바이오연료를 만드

는 것이랍니다.

산림을 파괴하지 않는 바이오연료

바이오매스를 이용해 우리가 필요한 에너지를 얻을 수 있는 방법은 많지만, 식량이 아닌 것으로 바이오연료를 만들 수 있다면 더욱 좋겠지요? 그러나 아직까지는 그렇게 좋은 방법이 없답니다. 많은 과학자들이 지금도 바이오연료를 사용하는 좋은 방법을 개발하고 있으며, 산림을 파괴하지 않는 바이오연료를 얻기 위해서 노력하고 있답니다.

지구 자원은 한정되어 있기 때문에 어느 한쪽을 많이 쓰면 다른 쪽에서 문제가 생기기는 일이 있어요. 하지만 곧 인류와 환경에 모두 좋은 방법으로 에너지를 얻을 수 있을 거라 생각하고 있습니다. 여러분도 지구를 다치게 하지 않으면서 에너지 문제를 해결하는 데 많은 관심을 가지길 바랍니다.

지구의 환경과 사람들에게도 해가 되지 않는 미래에너지는 과연 무엇일지 어린이 여러분들도 함께 생각해 보고, 이다음에 어른이 되어서 이 문제를 쉽게 해결할 수 있는 연구원들이 많이 나오기를 기대합니다.

퀴즈로 풀어 보는 미래에너지 이야기

1 태양 표면에 다른 부분보다 온도가 낮아 검은 점같이 보이는 것을 무엇이라고 하나요?

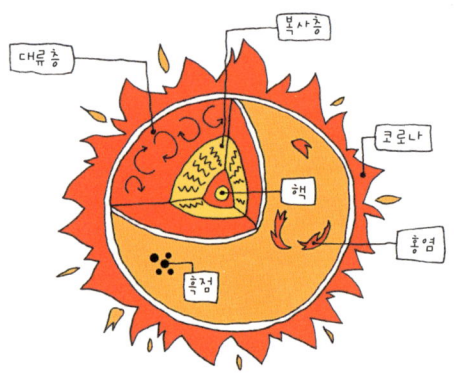

2 고체도 아니고, 액체도 아니며, 기체도 아닌 제4의 상태가 되는 것을 무엇이라고 하나요?

3 태양 속에서 플라즈마 상태로 분리되어 있는 수소 원자핵이 다른 수소 원자핵과 결합하는 반응을 무엇이라고 하나요?

4 도넛처럼 생긴 용기로, 그 속에 플라즈마를 뱅글뱅글 돌게 해서 핵융합반응을 일으키는 장치를 무엇이라고 하나요?

5   수소 형제들 중 중성자를 하나 더 가진 수소를 무엇이라고 하나요? 또 중성자를 두 개 더 가진 수소를 무엇이라고 하나요?

7   태양을 이루고 있는 주된 물질로 현재 지구의 미래에너지 가운데 하나로 떠오르는 원소는 무엇일까요?

6   라틴어로 '사람들이 다니는 길'을 의미하는 단어로, 세계의 과학자들이 모여 핵융합에 대한 문제를 연구하는 것을 무엇이라고 하나요?

8   수소를 처음 발견한 사람으로 산소를 '생명유지 기체', 수소를 '불에 타는 기체'라고 한 사람은 누구인가요?

9 《해저 2만 리》라는 소설을 써서 상상 속의 잠수함을 현실로 만들게 한 공상소설가는 누구인가요?

10 수소와 산소를 결합시켜 수증기와 전기를 만들어 내는 연료전지를 이용하는 자동차를 무엇이라고 하나요?

11 수소연료전지와 휘발유 등 두 가지 이상의 연료를 사용하는 자동차를 무엇이라고 하나요?

12 하늘을 나는 공상소설이 나오면서 비행기가 개발되었답니다. 풍선 기구를 타고 80일 동안 세계 여행을 하는 소설의 제목은 무엇일까요?

13 흑연과 헬륨을 이용해서 섭씨 900도 이상의 열을 낼 수 있도록 개발하고 있는 원자로를 무슨 원자로라고 하나요?

14 집열판에 모은 태양열로 물을 끓인 뒤 나온 수증기를 이용해서 전기를 얻는 발전을 무엇이라고 하나요?

15 태양 빛을 직접 이용해서 전기를 만드는 판을 무엇이라고 하나요?

16 많은 전기를 얻기 위해 여러 개의 태양전지를 연결한 것을 무엇이라고 하나요?

17 태양열을 모으기 위해서는 볼록렌즈를 써야 할까요, 오목렌즈를 써야 할까요?

18 태양열발전과 태양광발전의 차이는 무엇일까요?

19 태양을 이용해서 만든 전기를 바로 쓸 수 있도록 전기를 저장하는 것을 무엇이라고 하나요?

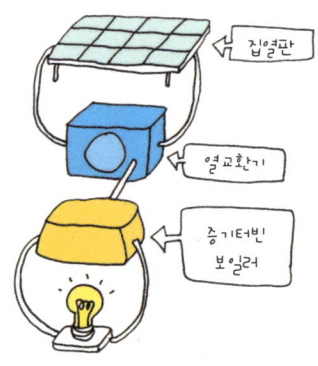

20 태양광발전기에서 만든 직류전기를 교류전기로 바꾸어 집에서 사용할 수 있게 해 주는 장치를 무엇이라고 하나요?

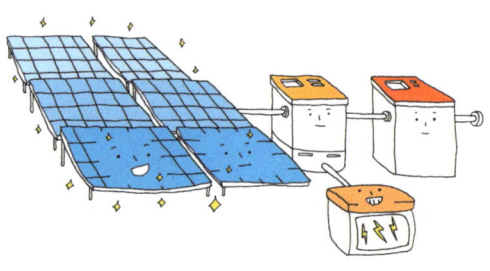

21 집열판이 더 많은 시간 동안 햇빛을 받게 하려면 어떻게 해야 할까요?

22 땅이 바다보다 낮아 바닷물이 육지로 흘러넘쳐 들어와서 4개의 날개가 달린 풍차로 물을 퍼내는 나라는 어디일까요?

23 덴마크 기상학자로 풍차를 이용해 전기를 만드는 방법을 처음으로 생각해 낸 사람은 누구일까요?

24 밀물과 썰물 때문에 생기는 바닷물의 높이 차이를 이용해서 에너지를 얻는 발전은 무엇일까요?

25 충청남도 태안 앞바다의 가로림 지역처럼 바다가 육지로 파고 들어온 지형으로 조력발전소를 세우기 적당한 곳을 무엇이라고 할까요?

26 파도가 칠 때 물이 갖는 운동 에너지를 이용해서 전기를 만드는 발전 방식을 무엇이라고 하나요?

27 바다 표면의 물과 깊은 바다 속 물의 온도 차이를 이용해서 터빈을 돌리는 발전 방식을 무엇이라고 하나요?

28 나무나 동물의 배설물 같은 광물이 아닌 생물체를 연료로 얻을 수 있는 에너지를 무엇이라고 하나요?

29 온도차발전 방식은 어느 나라에서 최초로 개발했나요?

30 우리나라 선조들은 등잔불 기름으로 무엇을 썼나요?

31 쓰레기 가운데 포함된 유기물질이 썩으면서 만드는 성분으로 고약한 냄새가 나지만 쉽게 불이 붙어 난방용으로 활용하는 것을 무엇이라고 하나요?

32 주로 브라질에서 재배되며 에탄올을 만드는 데 꼭 필요한 성분인 당분이 많이 들어 있는 식물은 무엇일까요?

차례

1 태양
2 플라스마
3 핵융합반응
4 토카막
5 중수소, 삼중수소
6 이터(ITER)
7 수소
8 양성자 고온핵융합 릴리 레리디다시
9 별 빠르
10 수소원자가자동차
11 헬리토리드 자동차
12 《80일 간의 세계 일주》
13 초고온가 원자로
14 태양열발전
15 태양전지
16 태양전지의 응용
17 풀녹음소
18 태양열발전과 태양전지 중에 좋아 하기
수증기를 이용하여 전기를 만들고,
태양전지는 태양 빛을 직접 전기로 만듭니다.

19 충전기
20 변속기
21 해바라기처럼 집광판을 해를 따라 움직이게 해요.
22 서멀파인드
23 풍 전라고
24 초전도성
25 인
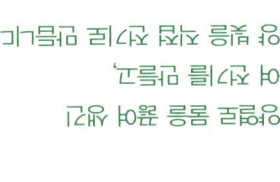
26 파라볼라형
27 온도차발전
28 하이오에너지 또는 생물에너지,
바이오매스에너지라지 해요.
29 펠릿
30 등기름
31 메탄가스
32 자동수소의 자동차

알고 싶어요 미래에너지

글 | 이은철
그림 | 홍원표

초판 1쇄 발행 | 2009년 4월 24일
초판 8쇄 발행 | 2021년 10월 1일

펴낸이 | 신난향
편집위원 | 박영배
펴낸곳 | (주)맥스교육(상수리)
출판등록 | 2011년 8월 17일(제321-2011-000157호)
주소 | 서울특별시 마방로2길 9, 보광빌딩 5층
대표전화 | 02-589-5133
팩스 | 02-589-5088
블로그 | blog.naver.com/Sangsuri_i
홈페이지 | www.maxedu.co.kr

편집 | 이도환
디자인 | 은디자인, 이선주
영업·마케팅 | 백민열
경영지원팀 | 장주열

ISBN 978-89-93397-06-2 73500
       978-89-93397-07-9(세트)
정가 11,000원

＊이 책의 내용을 일부 또는 전부를 재사용하려면 반드시 (주)맥스교육(상수리)의 동의를 얻어야 합니다.
＊잘못된 책은 바꾸어 드립니다.

어린이제품안전특별법에 의한 제품 표시
제조자명 (주)맥스교육(상수리) ＼ **제조국** 대한민국 ＼ **제조년월** 2021년 10월 ＼ **사용연령** 만 7세 이상 어린이 제품

상수리 호기심 도서관

1. 지속 가능한 발전 이야기
2008년 (사)행복한아침독서 추천 도서
카트린느 스테른 글 | 페넬로프 패쉴레 그림 | 양진희 옮김
지속 가능한 발전과 환경 보호 실천법 소개

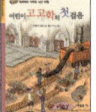
2. 어린이 고고학의 첫걸음
라파엘 드 필리포 글 | 롤랑 가리그 그림 | 조경민 옮김
고고학 상식부터 우리 고고학 역사 설명

3. 구석구석 알아보는 몸과 성 이야기
세르주 몽타나 글 | 피에르 보쿠쟁 그림 | 김효림 옮김
몸의 구조와 역할, 성교육 등 우리 몸 탐구

4. 가족 나무와 유전자 이야기
로랑스 아방쉬르 아잔 글 | 뱅상 베르제에 그림 | 김미겸 옮김
유전자, 족보, 가족 촌수, 타인 존중 설명

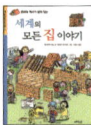
5. 세계의 모든 집 이야기
2009년 (사)행복한아침독서 추천 도서
올리비에 미뇽 글 | 오렐리 르누아르 그림 | 이효숙 옮김
집의 역사와 세계 문화를 알려 주는 책

6. 알고 싶고 타고 싶은 자동차
2009년 문화체육관광부 아동청소년 우수 교양도서
홍대선 글 | 남궁선하 그림 | 김정하 감수
자동차 역사와 원리, 경제와 과학까지 설명

7. 상상력이 만든 장난감과 로봇
2009년 열린어린이 여름방학 추천 도서
2010년 (사)행복한아침독서 추천 도서
백성현 글 | 황미선 그림 | 김정하 감수
로봇의 역사와 발전 과정, 원리를 정리

8. 똥을 왜 버려요?
2009년 열린어린이 겨울방학 추천 도서
2010년 (사)행복한아침독서 추천 도서
김경우 글 | 조윤이 그림
세계의 패션과 문화, 역사를 담은 똥 이야기

9. 우리 소리 우리 음악
2010년 문화체육관광부 아동청소년 우수 교양도서
제76차 한국간행물윤리위원회 권장 도서
김명곤 글 | 이인숙 그림
우리 음악의 역사와 민족의 멋과 흥 설명

10. 한 권에 담은 세계 음악
2010년 국립어린이청소년도서관 사서 추천 도서
파우스토 비탈리아노 글 | 안토니오 라포네 그림 | 조성윤 옮김
바흐부터 재즈, 힙합까지 담은 음악 정보책

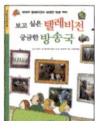
11. 보고 싶은 텔레비전 궁금한 방송국
소피 바흐만 외 글 | 토니두란 그림 | 김미겸 옮김
텔레비전과 방송의 역사와 원리 설명

12. 정정당당 스포츠와 올림픽
2011년 어린이문화진흥회 좋은 어린이책 선정
베네딕트 마티유 외 글 | 오렐리앙 데바 그림 | 김옥진 옮김
올림픽의 역사와 스포츠 발달 과정 정리

13. 세계역사를 바꾸는 정치 이야기
소피 라무뢰 글 | 클레르 페레 그림 | 양진희 옮김
정치 제도와 시민 운동 등을 알려 주는 정보책

14. 생명을 살리는 윤리적 소비
2010년 문화체육관광부 아동청소년 우수 교양도서
정원각 외 글 | 이상미 그림
공정 무역과 환경 등의 소중함을 일깨우는 책

15. 어린이 로마인 이야기
에릭 다스 외 글 | 오렐리앙 데바 그림 | 김옥진 옮김
로마의 유적과 유물, 역사와 문화 정보책

16. 세계의 놀이
2011년 어린이문화진흥회 좋은 어린이책 선정
2011년 (사)행복한아침독서 추천 도서
알레산드로 마싸쏘 외 글 | 비비아나 체라토 그림 | 조성윤 옮김
대륙별로 소개하는 세계 어린이 놀이 백과

17. 천하무적 어린이 야구왕
김동훈 글 | 최일룡 그림
흥미진진 재미만점 알찬 야구 안내서

18. 빨리 높이 멀리 달려라 육상 이야기
김화성 글 | 최환욱 그림
육상의 역사와 과학, 육상 스타들의 도전기

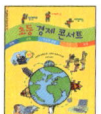
19. 초등 경제 콘서트
리비아나 포로팟 글 | 스테파노 토네티 외 그림 | 유은지 옮김
세계의 모든 경제 정보가 담긴 경제 백과

20. 세계의 이민 이야기
소피 라무뢰 글 | 기욤 롱 그림 | 박광신 옮김
이주와 다문화 시대를 사는 세계 어린이를 위한 안내서

21. 영화 아는 만큼 보여요
2013년 (사)행복한아침독서 추천 도서
이남진 글 | 홍기한 그림
상상력과 창의력 가득한 어린이 영화 안내서

22. 나도 저작권이 있어요!
2013년 (사)행복한아침독서 추천 도서
김기태 글 | 이홍기 그림
인터넷 세대가 알아야 할 저작권의 모든 것

23. 달력을 보면 사회가 재밌어!
정세언 글 | 이유진 그림
달력으로 배우는 신개념 초등 사회 학습!

24. 문화재가 살아 있다!
정혜원 글 | 김진원 그림
세계가 인정한 우리 무형 문화유산 15!

* 상수리 호기심 도서관 시리즈는 계속 출간됩니다.